Newsletter 7-8/2009

Liebe Leser,

wir freuen uns, Ihnen den Springer Newsletter 7-8/2009 präsentieren zu dürfen! Lesen Sie interessante Neuigkeiten aus dem Verlagshaus SpringerWienNewYork.

Newsletter per E-Mail

Bitte senden Sie dafür eine E-Mail an newsletter@springer.at mit dem Betreff : „Newsletter JA".

Mit freundlichen Grüßen
Ihr SpringerWienNewYork Team

Springer Architekturbücher erhalten Red Dot Award

Die beiden Bücher „Orientation and Identity" und „Ringstraße ist überall" wurden nach zahlreichen Ehrungen (Schönste Bücher Österreichs, Staatspreis, etc.) nun auch mit dem begehrten red dot award ausgezeichnet. Der red dot award ist der wichtigste und größte Designwettbewerb weltweit und wird in den Kategorien product design, communication design und design concept verliehen. „Orientation and Identity" wurde von den beiden Gestaltern Erwin K. Bauer und Dieter Mayer konzipiert, geschrieben und gestaltet. „Ringstraße ist überall" ist eine Textsammlung des Architekturkritikers Professor Christian Kühn und wurde von Erwin K. Bauer gestaltet.
„Orientation and Identity" ISBN 978-3-211-79189-9, € 89,95
„Ringstraße ist überall" ISBN 978-3-211-75785-7, € 34,95

Kardiale Kachexie

Die Kachexie ist generell eine Folgeerscheinung vieler chronischer Krankheiten wie Malignome, AIDS oder chronisch obstruktiver Lungenerkrankungen. Sie ist auch im fortgeschrittenen Stadium der chronischen Herzinsuffizienz eine häufige Begleiterscheinung und stellt ein komplexes Krankheitssyndrom dar. Die exakten pathophysiologischen Mechanismen der kardialen Kachexie, insbesondere der Übertritt einer stabilen chronischen Herzinsuffizienz in eine konsumierende Erkrankung, sind derzeit noch nicht ausreichend verstanden. Dr. Ghazaleh Gouya und Univ.-Doz. Dr. Martin Hülsmann schildern in der aktuellen Ausgabe des „Wiener klinischen Magazin"s verschiedene Hypothesen und die daraus abgeleiteten potentielle Angriffspunkte für neue therapeutische Strategien.

Ghazaleh Gouya und Martin Hülsmann: Die kardiale Kachexie. Eine Folge der chronischen Herzinsuffizienz, in: Wiener klinisches Magazin (12)/Heft 3: 10-16   www.springer.com/740

„Sport- und Präventivmedizin" neu bei SpringerWienNewYork

Noch im August erscheint die bereits zweite Ausgabe der neuen „Sport- und Präventivmedizin". Die beiden herausgebenden Gesellschaften, das „Österr. Institut für Sportmedizin" und die „Österr. Gesellschaft für Sport- und Präventivmedizin" sind mit dem früheren „Österr. Journal für Sportmedizin" zu SpringerWienNewYork gewechselt, wo die Zeitschrift nun unter dem neuen Namen erscheint.

Die aktuelle Ausgabe enthält auch das vermutlich letzte Interview mit der Schisportlegende Toni Sailer. Der dreifache Olympiasieger und siebenfache Weltmeister spricht darin über seine sportlichen Anfänge, die Entwicklung des Schisports, seine Karriere als Schlagersänger und über das immer wieder aktuelle Problem Doping. Sailer starb am 24. August in Innsbruck.

Toni Sailer

Herausgeber Professor Norbert Bachl und Chefredakteur Dr. Piero Lercher möchten den Lesern der „Sport- und Präventivmedizin" praxisbezogene Informationen liefern, die zu einem interaktiven Kommunikationsprozess beitragen und damit interdisziplinäres Wissen und Prävention fördern. Ein wichtiges Thema soll auch der Leistungssport mit dem Problem „Doping" sein.

www.springer.com/12534

Geschlechtsspezifische Unterschiede in der Psychopharmakologie

Die Gendermedizin, die sich den biologischen und psychosozialen Besonderheiten von Mann und Frau in der Medizin widmet, ist in den vergangenen Jahren zu einem etablierten Bestandteil der Psychiatrie geworden, selbst wenn der Anteil an evidenz-basierten Studien – verglichen mit anderen medizinischen Fachgebieten – noch begrenzt ist. Anhand der am häufigsten verschriebenen Medikamentengruppen in der Psychiatrie – Antidepressiva, Stimmungsstabilisierer und Antipsychotika – zeigen Verena Metz,
Dunja Radler und Gabriele Fischer in „Psychiatrie & Psychotherapie" die geschlechtsspezifisch unterschiedlichen Wirkungsweisen, ihr Nebenwirkungsspektrum und speziell zu beachtende Aspekte in der Praxis.

Verena Metz, Dunja Radler und Gabriele Fischer: Geschlechtsunterschiede in der Psychopharmakologie – Gendermedizin in der Psychiatrie, in: Psychiatrie & Psychotherapie (2009) 2/4: 64-69

www.springer.com/11326

Neue dynamisch-innovative Mitarbeiter

Wir setzen im Bereich Marketing, Presse und PR neue Akzente für unser Verlagshaus in Wien und konnten dafür drei neue dynamisch-innovative Mitarbeiter gewinnen.

Robert Knasmüller, MBA, Head of Marketing. Nach seinem beruflichen Einstieg in den Buchhandel wechselte Robert Knasmüller in das Verlagswesen und war in den letzten Jahren als Vertriebsleiter im Seitenblicke/Red Bull Verlag sowie beim Schulbuchverlag ÖBV tätig.
Dr. Ernst Grabovszki, Senior im Bereich Presse/PR. Grabovszki war zahlreiche Jahre als Redakteur, Fachverlagsmitarbeiter im Bereich Wirtschaft und Recht, und als Lektor tätig, ebenso für die Planung von Events, Presse/PR und Marketingmaßnamen in der Buchhandels- und Verlagsbranche.
Michael Terk, Bakk. phil., Junior Presse/PR. Er wird sein Wissen aus dem Publizistikstudium und seine praktischen PR-Erfahrungen einbringen und verstärkt den administrativen Bereich betreuen.

V.l.n.r. E. Grabovszki, R. Knasmüller, M. Terk

Impressum: Springer-Verlag GmbH, 1201 Wien, Sachsenplatz 4-6, FN 128055t - HG Wien, tel. +43 1/330 24 15 0, www.springer.at

Editorial
Stahl & Alu

Matthias Boeckl
Chefredakteur editor-in-chief

Titelbild Cover image
schmidt hammer lassen: Performers House in Silkeborg,
Dänemark Denmark
Photo Klaus-Dieter Weiß

Welche Rolle spielen Baumaterialien im aktuellen Architekturdiskurs? Zunächst ist da eine bemerkenswerte Diskrepanz zwischen Theorien und Visionen auf der einen Seite und dem ernüchternd simplen Materialeinsatz in der Realität des Baualltags festzustellen. Die Entwicklungen in den Material- und Konstruktionslabors der Universitäten sind zweifellos beeindruckend – aber wie viele von ihnen schaffen es tatsächlich, zum Standard im Baubetrieb zu avancieren? Und wie viel Zeit vergeht von der ersten Idee bis zur Serienanwendung? Im Vergleich etwa zur Auto- oder Pharma-Industrie ist da die Baubranche ziemlich langsam unterwegs. Deshalb stellen wir bei unserem Materialthema auch nicht Kunststoffe, Hybridmaterialien oder computergenerierte Maßelemente der Zukunft zur Diskussion, sondern eine weit verbreitete, fast schon traditionelle Bauweise der Gegenwart: Stahlkonstruktionen mit ihren metallischen Begleiterscheinungen. Die hohe Leistungsfähigkeit des Stahls, trotz geringem Gewicht und Volumen enorme Lasten zu bewältigen, wurde von der historischen Avantgarde oft mit dem Bau-Fortschritt an sich gleichgesetzt. Nach der Ära der Moderne stellen wir heute jedoch ganz andere Fragen an innovative Materialien, etwa jene nach günstigen Preisen, Verfügbarkeit, universeller Verwendbarkeit und Recyclierbarkeit. So können Metalle – weit über ihre traditionelle Verwendung als Konstruktionsmaterial hinaus – auch als Fassaden und Ausstattungselemente verwendet werden. Von der klassischen „Performance" – wie sie etwa auf der hochalpinen Gipfelplattform von astearchitecure lustvoll demonstriert wird - bis zur multifunktionalen Anwendung als All-Over-Hülle eines dänischen Künstlerhauses spannen sich die Beispiele intelligenter und vor allem auch entwerferisch anspruchsvoller Metall-Lösungen der aktuellen Produktion. Auch die kommunikativen Fähigkeiten des Materials kommen nicht zu kurz: Wenn ein Stahlwerk sich eine Garage aus Stahl bauen läßt, dann ist das ein Statement – glücklicherweise eines für anspruchsvolles Design, wie es die Linzer Voest-Garage beweist. In einer der nächsten Ausgaben folgt dann ein weiterer Architektur-Paukenschlag dieses Stahlkonzerns: Ein neues Verwaltungsgebäude von Dietmar Feichtinger architectes aus Paris.

What role do building materials play in the current architectural discourse? Firstly, it should be said that there is a remarkable discrepancy between theories and visons on the one hand and the soberingly simple use of materials in everyday building on the other. The developments in the material and construction laboratories of the univerities of technology are doubtless impressive – but how many of them actually ever become standard elements in the construction business? And how much time elapses from the first idea to serial use? In comparison to the motor-car or pharmaceutical industries, for example, the building industry progresses at a rather leisurely pace. On this account in our focus on a material we do not present plastics, hybrid materials or computer-generated, made-to-measure elements of the future for discussion but a method of construction that is currently widespread and has indeed already almost become traditional: steel construction with all its accompanying metallic by-products. The historical avant-garde often equated steel's excellent ability to handle enormous loads using just a low weight and volume of material with progress in building. Following the era of modernism today we ask very different questions of innovative materials, for example questions about price, availability, universal usability and recyclability. And so metals can have far wider uses than their traditional employment as a structural material and can also be used for facades and fittings. From the classic "performance" – as exhuberantly demonstrated by the high alpine peak platform by astearchitecure – to the multi-functional use as an all-over shell for a Danish building for aspiring performing artists, there is a wide range of solutions that use metal in an intelligent way and, above all, with real design ambitions. Nor are the communicative abilities of this material neglected: when a steelworks has its multi-storey garage built out of steel then this is a statement – fortunately one in favour of high quality design, as shown by the Voest garage in Linz. In one of the next issues there will follow a further architectural tour-de- force by this steel company: a new administration office building by Dietmar Feichtinger architectes from Paris.

Inhalt / Contents

1	Editorial
4	Journal
34	Showcase
58	All Right

Stahl & Alu

60 José María Sánchez Garcia – Zentrum für die Professionalisierung von Freizeit- und Sportaktivitäten, Guijo de Granadilla (Cáceres), Spanien
Center for the Professionalization of Recreational and Sports Activities, Guijo de Granadilla (Cáceres), Spain
Text: David Cohn – Ein Kreis in den Bäumen A Circle in the Trees

72 schmidt hammer lassen – Künstlerhaus in Silkeborg, Dänemark Performers House in Silkeborg, Denmark
Text: Klaus-Dieter Weiß – Stählerne Talentschmiede
Talent factory in steel

84 xarchitekten & Wernly + Wischenbart Partner – PARKHAUS voestalpine, Linz
voestalpine multi-storey car park, Linz
Text: Romana Ring – Sparsamkeit macht Helden
Frugality makes heroes

94 astearchitecture – Gipfelplattform Top of Tyrol
Mountain-top platform Top of Tyrol
Text: Edith Schlocker – Am Großen Isidor gelandet Landed on the Großer Isidor

Projects

100 Obermoser arch-omo – Bürgergarten Innsbruck
Text: Edith Schlocker – Vier ungleiche Geschwister
Four dissimilar siblings

architektur.aktuell, No.354, 9.2009

110 Markus Pernthaler – Wohn- und Bürohaus „Rondo" in Graz 'Rondo' office and apartment building in Graz
Text: Matthias Boeckl – Ein Haus, das alles kann
A building that can do it all

120 RUNSER / PRANTL – Weinlandbad Mistelbach, Niederösterreich Lower Austria
Text: Isabella Marboe – Holz mit Stil Wood with style

132 enota – Wellnesszentrum Orhidelia in Podčetrtek, Slowenien Orhidelia wellness centre in Podčetrtek, Slovenia
Text: Andrej Hrausky – Architektur für "interpassive" Zeiten
Architecture for "inter-passive" times

143 Architekten Architects

146 INNOCAD – Rose am Lend
Text: Ulrich Tragatschnig – Glitzernder Schwarzplan

148 Fassade Wand Dach Decke

170 Bücher Web Review

172 Shortlist

174 Kalender Calendar

176 Vorschau Preview Impressum

Dedicated to People Flow ™

„Ich würde KONE kaufen"

Aufzüge für unsere Umwelt

KONE MonoSpace®
Mit über 250.000 installierten Anlagen, der Industriestandard

Aufzüge sind Kraftfahrzeuge. Aufzüge sind langlebig.
Da ist es nicht egal welchen Sie auswählen.
Sie bestimmen damit wesentlich die Entwicklung Ihrer Energiekosten und die Auswirkungen auf unsere Umwelt.

Ihre Entscheidung heute, hat auch in Jahrzehnten noch Bedeutung. Mit KONE Aufzügen treffen Sie mit Sicherheit die richtige Entscheidung:

Powered by KONE EcoDisc

Energie Effizienz
- 4.910 kWh/Jahr vs. Hydraulik-Antrieb
- 2.907 kWh/Jahr vs. 2-tour.Seilantrieb

CO_2-Reduktion
- 2.240 kg CO_2/Jahr vs. Hydraulik-Antrieb
- 1.558 kg CO_2/Jahr vs. 2-tour.Seilantrieb

KONE Aktiengesellschaft
1230 Wien Forchheimergasse 34
Tel: 863 670   Fax: 863 67 221
www.kone.at

Planen wir die Zukunft

*) Fahrgeschwindigkeit 1.0 m/s (0.63 für Hydraulik), Tragkraft 630 kg (8 Personen), 200.000 Starts/Jahr

Le Corbusier in seiner „Collection particulière" in Paris, 20, Rue Jacob
Le Corbusier and his "Collection particulière", Rue Jacob 20 (1931)

Philips-Pavillon auf der Weltausstellung in Brüssel, 1958 Philips pavilion at the world expo in Brussels, 1958

Zwei Wegbereiter der Moderne vereint
Two Pioneers of Modernism United [▶ p. 5] Claus Käpplinger

Noch nie und wahrscheinlich nie wieder lassen sich zwei Wegbereiter der Moderne, nämlich Le Corbusier und das Bauhaus, so nahe studieren und vergleichen wie derzeit im Martin Gropius Bau Berlin.

Mit zwei großen Retrospektiven in einem Haus bieten sich den Besuchern ungeahnte Möglichkeiten, neue und vielfältigere Einblicke in das Werden der modernen Architektur zu gewinnen. Noch erstaunlicher erscheint dieser einmalige Glücksumstand, wenn man bedenkt, dass die letzte große Ausstellung zum Bauhaus 1968 in Stuttgart und zu Le Corbusier 1987 in Paris und London stattgefunden hatte.

Lange, zu lange wagte sich niemand mehr an eine große Retrospektive. Alles schien offenbar zu Le Corbusier und dem Bauhaus schon gesagt und gezeigt worden zu sein. Ein Trugschluss, wie nun die beiden Ausstellungen beweisen, deren Kuratoren ganz unterschiedliche Wege beschritten. Thematisch und lokal strukturiert ist die Le Corbusier-Ausstellung, welche vom Vitra-Museum und Stanislaus von Moos kuratiert wurde. Kontexte, Privatheit und Öffentlichkeit sowie Gebaute Umwelt sind ihre drei Themenfelder, die ergänzt werden von sechs Orten seines Schaffens, von La Chaux de Fonds über Paris und Berlin bis Rio de Janeiro. Nicht allein das Werk des Architekten, sondern das Gesamtkunstwerk des Multitalents Le Corbusier versucht sie zu ergründen. Gleichberechtigt stehen so in dieser Retrospektive die vielen Werke des Malers, des Möbeldesigners, des Publizisten und Architekten nebeneinander als Ausdruck eines totalen Gestaltungswillens, der jeden Bereich revolutionieren wollte. Elegant und unaufdringlich legt die Ausstellung aber auch dessen Wurzeln im Gesamtkunstwerk-Gedanken des Jugend-

Thematisch und lokal vs. historisch-chronologisch

stils frei, den der junge Le Corbusier in der Schweiz und Deutschland kennenlernte und für seine Zwecke adaptierte. Ein Universum von Objekten wird dazu dem Besucher geboten, das keine Wünsche offen lässt, aber leider auch viel Vorwissen erfordert, um die heterogenen Exponate als Teil eines historischen Prozesses zu verorten.

Leichter fällt da schon die Orientierung in der Ausstellung „Modell Bauhaus" der drei deutschen Bauhaus-Nachfolgeinstitutionen. Historisch-chronologisch ist ihre Struktur mit klaren Themensetzungen anhand von Schlüsselwerken, denen viele kaum bekannte Arbeiten der Bauhausschüler beigegeben wurden. Auch hier dominiert der Gesamtkunstwerkgedanke, der aber durch die unterschiedlichen Bauhausdirektoren und ihre verschiedenen Zielsetzungen mehrfach gebrochen wird. Welten liegen so zwischen Hannes Meyer und Mies van Rohe, welche die Ausstellung auch mit ihren Gestaltungsmitteln deutlich zu machen versteht.

Viel Bekanntes und viele neue Exponate verbinden sich hier wirklich zu einem neuen Blick auf die Differenzen und Kontinuitäten der erfolgreichsten Gestaltungsschule des 20.Jahrhunderts. So groß und großartig ist dies, dass die Kunstinstallationen des Lichthofes zum Thema „Bauhaus heute" dagegen nicht ankommen können. In partikularen und kleinmütigen Kommentaren erschöpfen sie sich und weisen darauf hin, wie fern und fremd uns doch offenbar heute der Aufbruch vor 90 Jahren erscheint.

„Le Corbusier – Kunst und Architektur"
▶ 5.10.2009 Katalog Vitra Design Museum

„Modell Bauhaus"
▶ 4.10.2009 Katalog Hatje Cantz

Martin Gropius Bau Berlin
www.berlinerfestspiele.de/

Alfred Arndt, Pläne für die Meisterdoppelhäuser in Dessau, 1926 Plans for the twin houses in Dessau

Eugen Batz, Die räumliche Wirkung von Farben und Formen 1929/30 The spacial effect of colours and shapes

Never before could two pioneers of modernism, Le Corbusier and the Bauhaus, be so closely studied and compared as at present in the Martin Gropius Building in Berlin, and perhaps such an opportunity will never be offered again.

These two large retrospectives in a single building offer visitors an incredible opportunity to acquire new and deeper insights into the genesis of modern architecture. This uniquely fortunate chance seems even more unreal when one considers that the last large exhibition on the Bauhaus was held in 1968 in Stuttgart, while the last major Le Corbusier show was in Paris and London in 1987.

For a long, indeed far too long, time nobody dared to undertake a major retrospective. It seemed, apparently that everything about Le Corbusier and the Bauhaus had already been said and been shown. A false conclusion, as is proven by both these exhibitions, in which the curators have taken very different approaches. The Le Corbusier exhibition which is thematic and locally structured, was curated by Stanislaus von Moos and the Vitra Museum. Contexts, private/public as well as the built environment are three of its thematic areas, which are augmented by six places where Le Corbusier built, from La Chaux de Fonds to Paris and Berlin and on to Rio de Janeiro.

The exhibition attemps to explore not only the work of this architect but the Gesamtkunstwerk of the multi-talented person Le Corbusier. Consequently in this retrospective the many works of the painter, the furniture designer, the journalist and architect are treated as being of equal importance and placed beside each other as an expression of a total will to design that wished to revolutionise all these areas. The exhibition, however, also uncovers in an elegant and unforced way his roots in the Gesamtkunstwerk ideas of the Jugendstil

Thematic and local vs. historical and chronological

movement, which the young Le Corbusier became familiar with in Switzerland and Germany and adapted for his own ends. The universe of objects offered to the visitor leaves no wishes unmet, but unfortunately demands a considerable amount of prior knowledge to be able to place the heterogeneous exhibits as part of a historic process. In the exhibition "Modell Bauhaus" from the three German institutions that are successors to the Bauhaus orientation is easier. The structure is historical and chronological with clearly defined themes and uses key works to which many little known works by Bauhaus students have been added. Here, too, the idea of the Gesamtkunstwerk is dominant, but it was fractured a number of times by various Bauhaus directors and their different goals. Thus, for example, Hannes Meyer and Mies van der Rohe are worlds apart, something that the exhibition is able to make clear with the design methods it employs. Much that is well known and many new exhibits combine here to offer a new view of the phenomenon Bauhaus which now, freed from all forms of ideology, reveals the differences and continuities of the 20th century's most successful design school. This is so large and so excellent that the art installations in the lightwell on the theme "Bauhaus heute" cannot compete with it. They exhaust themselves with excessively specific, half-hearted commentaries, revealing just how distant and foreign this new dawn that broke 90 years ago apparently seems to us today.

"Le Corbusier – Art and Architecture"
▶ 5.10.2009 catalogue Vitra Design Museum

"Model Bauhaus"
▶ 4.10.2009 catalogue Hatje Cantz

Martin Gropius Bau Berlin
www.berlinerfestspiele.de

tune the light

Cantax Strahler
Ganz einfach der perfekte Lichtkegel: Brillant, gleichmäßig hell, mit einem weichen Saum. Ohne Blendung, ohne Streulicht. Die Technologie liefert ERCO: Innovative Spherolitreflektoren sorgen für höchste Lichtqualität. „tune the light" – verändern Sie die Strahlercharakteristik durch Austausch der werkzeuglos wechselbaren Reflektoren. Vier Abstrahlwinkel von narrow spot bis wide flood sowie der exklusive Spherolitreflektor wallwash stehen zur Verfügung. Moderne, హocheffiziente Leuchtmittel und Betriebsgeräte sind selbstverständlich. Das Design von Naoto Fukasawa: Ganz einfach, klar und reduziert aufs Wesentliche.

www.erco.com

ERCO

Journal

Die Landzunge mit den Lagerhallen aus der Luft gesehen Aerial view

Zurück zu Ziegelmauer und Lärchenholzdachstühlen Back to brick walls and larch wood trusses

Tadao Ando, Punta della Dogana: François Pinault Foundation Tadao Ando, Punta della Dogana: François Pinault Foundation [▶ p. 10] Luka Skansi

Mit der jüngst erfolgten Eröffnung der Ausstellungsräume der François Pinault Foundation in den Lagerhallen an der Punta della Dogana hat Venedig einmal mehr eine seiner enormen Möglichkeiten unter Beweis gestellt: Seine historischen Areale eignen sich für Eingriffe zeitgenössischer Architektur und können Platz für die Kunst der Gegenwart schaffen.

Jahrzehntelang gesperrt und auf Ideen und Initiativen zu seiner Nutzung hoffend, wurde der dreieckige Komplex der ehemaligen Dogana da Mar [Seezollbehörde] nun in einen der zeitgenössischen Kunst gewidmeten Ort umgewandelt und beherbergt seit wenigen Wochen die reichhaltige Sammlung des französischen Unternehmers, dies aufgrund einer Vereinbarung aus dem Jahr 2007 zwischen seiner Stiftung – welche das Museum im Palazzo Grassi verwaltet – und der Stadt Venedig. Es handelt sich dabei nicht allein um eine kluge Maßnahme zur Umfunktionierung eines historischen Gebäudes: Dank seiner respektvollen und zugleich scharfsichtigen Lesart dieser prächtigen frühindustriellen Architektur vermochte Tadao Ando, der mit dem Umbau betraute Architekt, dem Ort seine ursprüngliche räumliche Beschaffenheit wiederzugeben und ihm gleichzeitig einen neuen monumentalen Charakter zu verleihen.

Die Projektdurchführung zeichnet sich durch zwei Leitgedanken aus: Da ist einerseits die Arbeit an der bestehenden Substanz, welche Ando vor allem anhand ihrer Material- und Struktureigenschaften deutet. Alle Veränderungen des Komplexes, welche im Laufe der Zeit geschehen waren, wurden zurückgenommen und der Bau wurde in seinen Primärzustand zurückversetzt: Sechs lang gestreckte

Monumentale Restitution einer Sehenswürdigkeit

Abschnitte, durch hohe Ziegelmauern voneinander abgegrenzt und mit mächtigen Dachstühlen aus Lärchenholz bedeckt, ergeben ein an sich schon stark suggestives Ensemble. Andererseits ist da die Arbeit an dem auf zwei Ebenen angelegten, längs den parallelen Sälen verlaufenden Weg durch das Museum; als Bezugskern wird ein vollkommen neues Element eingeführt: Den Angelpunkt des Museums bildet ein Würfel aus glattem Stahlbeton, der zwei freie Pfeiler einschließt, eine beispiellose Durchbrechung der ursprünglichen linearen Anordnung der Trennwände. So entsteht ein faszinierender Kontrast zwischen „Alt und Neu" bzw. zwischen dem unregelmäßigen Verlauf der ursprünglichen Mauern und den für Andos Schaffen typischen glatten Oberflächen, welche die Räume und die Wege des Museums begrenzen.

Die Gestaltung des Museums ist nicht zur Gänze von den Ausstellungserfordernissen bestimmt. Höchst geschickt nutzt Ando die wenigen Öffnungen des Komplexes nach außen – mit einer Neugestaltung der Fenster, einer Hommage an das Schaffen Carlo Scarpas – zur Anordnung der ringsum verteilten Ausstellungsflächen. So findet man sich beim Gang durch die Ausstellung zwischen einem Kunstwerk und dem nächsten vor außergewöhnlichen Darstellungen der umgebenden Landschaft, welche einen auf dem Weg durch das Museum noch stärker in ihren Bann ziehen: Abschnitte des Canal Grande mit den umliegenden Palazzi, die Bollwerke auf der Insel Giudecca, bis zum Saal unter der Statue der Pala D'Oro, von wo aus sich ein wunderbarer Ausblick auf die Bucht von San Marco mit ihrem monumentalen Ensemble, auf die Insel San Giorgio und, im Hintergrund, die Parks der Biennale und den Lido auftut.

arper

ad: lievore altherr molina   illustration: annika rimala

Catifa 70 collection
design
Lievore Altherr Molina

Helfried Wallner
Handelsagentur Wohnen Objekt
T. +43 6642001734
F. +43 345272762
office@helfriedwallner.at

www.arper.it

Journal

Andos Kubus aus glattem Stahbeton auf dem oberen Niveau Andos cube of smooth reinforced concrete

Raum 5 mit Blick auf die Zitadelle und Charles Ray, Light from the left 2007 Room 5 with a view to the citadel and Charles Ray, Light from the left

With the recent opening of the exhibition spaces of the François Pinault Foundation in the warehouses on the Punta della Dogana Venice has once again demonstrated its enormous possibilties: its historic locations are eminently suitable for interventions by contemporary architecture and can provide spaces for art of the present.

The triangular complex of the former Dogana da Mar [maritime customs authority], which was locked up for decades awaiting ideas and initiatives for its new use, has now been transformed into a place devoted to contemporary art and, since a few weeks ago, has housed the rich collection of the French entrepreneur, on the basis of a agreement made in 2007 between his foundation – which administers the museum in the Palazzo Grassi – and the city of Venice. This is not just an intelligent move that provides a new function for an historic building: thanks to his respectful yet also perceptive reading of this magnificent early industrial architecture Tadao Ando, the architect entrusted with the conversion, has been able to give this place back its original spatial nature while at the same time lending it a new monumental character. The implementation of this project is marked by two guiding ideas: firstly the work on the existing building fabric, which Ando inteprets above all in terms of the qualities of its materials and structure. All the accretions that had accumulated in the complex over the course of time have been removed and the building restored to its initial state: six long sections separated from each other by high brick walls and roofed by powerful larch wood trusses produce a strongly sugges-

Monumental restoration of an emblematic building

tive ensemble. On the other hand there is the architect's work on the route through the museum that is laid out on two levels and runs through the parallel halls. A completely new element was introduced as a core reference: the pivot of the museum is formed by a cube of smooth reinforced concrete that encloses two free-standing piers, the sole interruption to the original linear arrangement of separating walls. This produces a fascinating contrast between "old and new", and between the uneven lines of the original walls and the smooth surfaces – characteristic of Ando's work – that define the spaces and the routes in the museum.

The design of this museum is not entirely determined by the requirements of exhibitions. Ando uses the few openings to the outside in the complex in a highly intelligent way – the new design of the windows is a hommage to the work of Carlo Scarpa – to layout the exhibition spaces distributed on all sides. And so, as you walk through the exhibition, you can find yourself between one art work and the next confronted with extraordinary presentations of the surrounding landscape that become increasingly captivating as you proceed along the route through the museum: sections of the Canal Grande with the surrounding palazzi, the fortifications on the island of Giudecca, to the hall beneath the statue of Pala D'Oro where a marvellous view is revealed of the bay of San Marco with its monumental ensemble, of the island of San Giorgio and, in the background, the parks of the Biennale and the Lido.

TWELVE
DESIGN CARLO COLOMBO.

MARKUS KILGA MOEBELAGENTUR
TEL. +43 512 580718
MOEBELAGENTUR@KILGA.AT
WWW.KILGAMOEBELAGENTUR.AT

POLIFORM WIEN
WOHN-UND KÜCHENSYSTEME IM K 47
SPÄTAUF GMBH
FRANZ-JOSEFS-KAI 47 - 1010 WIEN
TEL. +43 1 533 56 00
INFO@POLIFORM-WIEN.AT

SHOP IN SHOP:
FELDKIRCH	DESIGN KÜCHE
FÜGEN	WETSCHER
GRAZ	SPÄTAUF
LINZ	MANZENREITER
WELS	MASCHIK
SALZBURG	FAMLER
ST.JOHANN	AUFSCHNEITER
IN TIROL	

UM DEN NÄCHSTEN HÄNDLER
IN IHRER NÄHE ZU ERFAHREN:
WWW.POLIFORM.IT

Journal

Volkshaus mit minimalem Materialaufwand "House of the people" erected with raw materials and supplies

Lärm hinter blumengeschmückter Balkonbrüstung Noise surged over the balcony parapet decorated with flowers

Bellevue: ein Nachruf auf schöne Aussichten
Bellevue: an obituary for fine prospects [▶ p. 14] Romana Ring

Das leuchtend gelbe Haus mit dem wunderbaren Namen Bellevue ist fort. In seinem kurzen Leben ist es den auf der Autobahn nach Linz Einfahrenden gerade genügend rätselhaft erschienen, um eine seiner wesentlichen Aufgaben zu erfüllen: ihr Interesse zu wecken.

Logo und Schriftzug stellten schnell klar, dass es sich um ein Projekt der Kulturhauptstadt handeln musste und man machte sich auf die Suche nach einem Ort, der selbst eingesessenen Linzerinnen und Linzern nur durch die Häufigkeit von Verkehrsunfällen und den damit einhergehenden Stockungen im Tunnel darunter ein Begriff geworden war.
Bellevue hat diese wenig schmeichelhafte Wahrnehmung eines unter erheblichem Aufwand gestemmten Prestigeprojektes zumindest für die Zeit seiner Existenz verschoben. Als eine Art temporäres Volkshaus stand es an der Kante der Autobahnüberplattung zwischen den Wohngebieten Bindermichl und Spallerhof und beobachtete den Verkehrsstrom, wie er unter dem darüber angelegten Landschaftspark verschwand, indes der Lärm über seine mit Blumen geschmückte Balkonbrüstung brandete. Von Ende Juni bis Mitte September täglich vielfältig bespielt und von Einheimischen wie von Touristen gleichermaßen angenommen, hat uns Bellevue eine Menge zum Nachdenken aufgegeben.
Bellevue hatte in jeder Hinsicht seine zwei Seiten: in seinen von der Autobahn her gut wahrnehmbaren oberen Geschoßen die Konturen des (aller)ortstypischen Siedlungshauses nachzeichnend nahm es an der dem Landschaftspark zugewandten Basis deutliche Anleihen bei grandioseren Vorbildern. Zwei ebenerdige, jeweils einen

Temporäres Wohnraum-Wunder

eigenen Hof umschließende Seitenflügel streckten, nach hinten zu ansteigend und somit die perspektivische Wirkung verstärkend, dem Besucher einladend ihre Arme entgegen. Sie nahmen ein Podest in die Mitte, aus dem eine breite Stiege in das Haus führte.
Dort drinnen aber wurden Raumwunder wahr: jeder Kubikzentimeter war mit einer Klugheit genutzt, die dem in manch putzigem Detail zitierten trivialen Bauen längst nicht mehr gegebenen ist. Von der Küche und den ihr zugeordneten, räumlich wiederum differenzierten Essbereichen, vorbei an einer dem Internet gewidmeten Höhle und dem über der Autobahn schwebenden Gastgarten stieg man hinauf in einen Miniatur-Hörsaal, eine Bibliothek, einen darüber angelegten Seminarraum und schließlich über eine schmale Wendeltreppe in das Dach, dessen Gaupen noch einmal die Simulation des Wohnhauses mit Jungendzimmer, Bauernstube und Wohnzimmer ermöglichten. Erdacht haben das alles Peter Fattinger, Veronika Orso und Michael Rieper.
Bellevue konfrontierte nicht nur die längst gewohnte Wirklichkeit der Autobahn mit jener noch wenig vertrauten des Landschaftsparks. Indem es dem Minimum an Materialaufwand – einer durchgängig mit gelb gestrichenen OSB-Platten beplankten Holzriegelkonstruktion – ein Maximum an Detailüberlegungen gegenüberstellte, wog es auch den nach „Höherem" strebenden kleinbürgerlichen Lebenstraum gegen die realen Möglichkeiten des von erdrückenden Vorbildern befreiten schöpferischen Verstandes. Linz wird sein Bellevue vermissen.

www.bellevue-linz.at
www.linz09.at

stonevolution

MARMOMACC
ARCHITECTURE AND DESIGN

XI Internationaler Preis für Natursteinarchitektur
Die schönsten zeitgenössischen Bauwerke
Ausstellung, Präsentation, Prämierung

Lectio Magistralis
Gilles Perraudin
Fernando Menis
Zwei kreative Entwicklungen im Natursteinbau

Marmor in Venedig
Design-Ausstellung in Zusammenarbeit mit der Fachmesse "Abitare il Tempo"

Marmomacc und Design
Vierzehn neue Projekte zum Thema "Hybrid and Flexible"
Design in Etappen

Lehrprojekt Fachausbildung 2009
Kurse für architektonische Planung mit Natursteinmaterial in Zusammenarbeit mit internationalen Universitäten

Marmomacc für Contract
Architektur- und Design-Ausstellung in Zusammenarbeit mit der Fachmesse "Abitare il tempo"

Best Communicator Award
Die innovativsten Stände der 44. Marmomacc
Eine markierte Strecke auf dem Messegelände

Der umweltfreundliche Naturstein
Studientagung über die energieerzeugenden Eigenschaften, die Heilungskraft und Nachhaltigkeit von Natursteinmaterial in der Architektur

Monochromie
Architektur- und Design-Ausstellung in Zusammenarbeit mit der Fachmesse "Abitare il tempo"

www.marmomacc.com

Verona - Italia
30. September - 3. Oktober 2009
Von Mittwoch bis Samstag

in collaboration with

with the patronage of

organized by

Konturen des (aller)ortstypischen Siedlungshauses ... Silhouette of a typical single family house ...

... und deutliche Anleihen bei grandioseren Vorbildern ... modelled on grand examples

The bright yellow house with the wonderful name Bellevue is gone, during its brief life it proved sufficiently puzzling to those driving along the motorway to Linz to fulfill one of its main objectives: arousing their interest.

The logo and lettering quickly made it clear that this must be a project for the European Capital of Culture and people soon undertook a search for a place that, even for established citizens of Linz, was generally known only as a site of frequent road accidents that lead to traffic back-ups in the tunnel below.
At least for the period of its existence Bellevue altered this unflattering perception of a prestige object completed with considerable effort. As a kind of temporary "House of the People" it stood at the edge of the slab built over the motorway between the residential districts of Bindermichel and Spallerhof and observed the flow of the traffic as it vanished beneath the landscaped park laid out above the tunnel, while the noise surged over the balcony parapet decorated with flowers. Used daily from the end of June to mid-September and given an equally warm reception by both locals and tourists, Bellevue provided us with much food for thought.
In every respect Bellevue had two sides: on its upper floors, clearly visible from the motorway, it traced the outlines of a typical house on a housing estate, whereas the base facing towards the park quite clearly borrowed from more grandiose models. Two single-storey side wings, each enclosing its own courtyard and rising towards the rear (thus heightening the perspective effect), spread their arms towards visitors in a welcoming gesture. From a central podium a broad staircase

Temporary residential miracle

led into the building. Inside spatial miracles became reality: every single cubic centimetre was exploited with an ingenuity that trivial building, which was quoted in a number of consciously cute details, is no longer capable of. From the kitchen and the dining area – allotted to it but spatially differentiated –past a cavern-like space devoted to Internet and the garden for visitors that hovered over the motorway you ascended to a miniature lecture hall, a library, a seminar room above it and finally, by means of a narrow spiral staircase, arrived in the roof space whose dormer windows allowed once again the simulation of a dwelling house with a teenager's bedroom, rustic-style parlour and living room.
Bellevue not only confronted the familiar reality of the motorway with the less familiar reality of the lanscaped park: because it contrasted a maximum of carefully considered details with minimum expenditure of material – a timber frame structure clad with yellow-painted OSB panels - it weighed the petit bourgeois dream of something "higher" against the real possibilities of a creative intelligence liberated from overwhelming models. Linz will miss its Bellevue .

Barrierefreier Gesamtraum The whole square is barrier-free

Gepflasterte Landefläche von 29 Metern Durchmesser Paved landing pad with 29 m in diameter

Ein Landeplatz für eine Kirche A landing place for a church [▶ p. 18] Isabella Marboe

In Stetteldorf hat die Kirche ihren Platz im Ort und sind ihre Riten fest im Leben der Gemeinde verankert. Verkehrsplanung und Behübschungsmaßnahmen aber hatten dem Kirchplatz stark zugesetzt. Architekt Christian Knechtl machte es wieder gut.

Stetteldorf am Wagram in Niederösterreich ist ein Ort wie aus dem Bilderbuch. Volksschule, Pfarrhof, Aufbahrungshalle und niedere Häuser scharen sich in stiller Eintracht um die barocke Kirche mit dem Zwiebelturm. Sie wurde nach einigen Bränden 1780 als erstes befestigtes Gebäude errichtet und thront am Hochpunkt in der Mitte des Dorfes. Werktags kreisen hier Autos, Traktoren und Busse, an Feiertagen sammelt man sich vor dem Gotteshaus, am Rasen hinter der Apsis wird man still. Hier stehen eine barocke Pestsäule, ein Obelisk für Kaiser Franz Josef und ein Denkmal für die Toten aus der Nachkriegszeit. Vor der Volksschule erhebt sich eine Säule „zu Ehren des Gottes Abrahams, Isaacs und Jakobs." Jedes Monument wurde mit einer ihm angemessenen Bepflanzung gewürdigt, dem Prinzip der Vielfalt folgte auch die Gestaltung der Verkehrsinseln, Gehsteige und Randsteine. Verschiedene Oberflächen trafen auf diverse Niveaus, Rabatten, Hecken und Bäume, darunter eine riesige Blautanne, der Weihnachtsbaum im Dorf.

Die Gemeinde wünschte sich einen barrierefrei nutzbaren, gut ausgeleuchteten und wartungsarmen Platz, der die Symbolik der Zahl sieben thematisieren und die Kirche in den Mittelpunkt rücken sollte. Sie konsultierte das Gutachtergremium der niederösterreichischen „Kunst im öffentlichen Raum". Architekt Christian Knechtl überzeugte die Jury mit einem Konzept, das mit wenigen gezielten Ein-

Raum für Feste

griffen den Platz nachhaltig aufwertet. „Seit den 1970ern haben sich hier viele Zeitschichten angelagert. Es war wichtig, die Summe der Restflächen zu einem Gesamtraum zu machen und etwas wie die Geschlossenheit eines Gartens zu erreichen," sagt Knechtl. „Dafür musste das Niveau so abgetragen werden, dass eine Plattform entsteht, auf der sich das rege Dorfleben mit seinen Festen entfalten kann. Sie sollte der Hubschrauberlandeplatz für die Kirche sein." Ein neues Niveau wurde festgelegt, das Erdreich um 15 bis 20 cm abgetragen, die befestigte Fläche um etwa 10 cm erhöht. Damit war die Basis für den sorglosen, barrierefreien Gebrauch geschaffen.

Zwanzig rotblühende Kastanien wachsen in den grünen Randflächen, die ein Fries aus Pflastersteinen rahmt. Seine schwungvollen Bogenformen nehmen am Barock und den Schleppradien von Mähdreschern Maß und erhöhen so die Verkehrssicherheit. In der Mitte des asphaltierten Platzes bilden Steine aus Waldviertler Granit einen großen Kreis um das Hauptschiff der Kirche. Er wird von vier Meter hohen Lichtsäulen gesäumt, die wie die sieben Aufrechten in Stahlzylinderfüßen stehen. Sie symbolisieren die Sakramente und bezeichnen einen heiligen Ort im öffentlichen Raum. Rund um die Apsis sind LED-Leuchten im Boden eingelassen, die den Kirchturm nachts in oranges Licht tauchen. Die Fassade wird weiß bestrahlt.

Dieser Platz gibt dem Dorfleben Raum, seine Umsetzung erfolgte gemeinsam. Um jeden Baum wurde gerungen, als man die Blautanne umsägte, wusste Knechtl, dass seine Gestaltung angenommen worden war. Viele Arbeiten führte der gemeindeeigene Bautrupp aus. „Wir haben am Ort Maß genommen. Dieser Platz ist wie eine Skulptur entstanden, die man aus einem Stück Holz herausschält."

Journal

Neu gewürdigte Monumente Highly valued monuments

Bogenform nach Mähdreschermaß Towing radii of combine harvesters

In Stetteldorf the church has its own place in the village and its rituals are firmly anchored in the life of the community. However traffic planning and various attempts at prettifying had negatively affected the church square. Architect Christian Knechtl has repaired this damage. The church now stands in the circle of the seven sacraments at the centre of the village.

Stetteldorf am Wagram is a picture-book village. Primary school, priest's house, chapel of rest and low houses are gathered in still harmony around the Baroque church with its onion dome. Following a number of fires it was the first solid building erected in 1780 and stands at an elevated position in the centre of the village. Life here follows nature and the annual liturgical cycle of Christian feastdays. During the week cars, tractors and buses circle around here, on feastdays people congregate in front of the church, on the lawn behind the apse people remain quiet. There is a Baroque plague column, an obelisk for the Emperor Franz Josef and a memorial to those who died in the postwar period. In front of the primary school stands a column "in honour of the God of Abraham, Isaac and Jacob."
Each monument was honoured with the appropriate kind of planting, and this principle of diversity was also followed in the design of the traffic islands, footpaths and kerbstones. Different surfaces met at different levels, with flower beds, hedges and trees, including a huge blue spruce, the village Christmas tree.
The community wanted an obstacle-free, well-lit and low maintenance square which would thematically adress the symbolism of the number seven and shift the church into the central position. They consulted the experts from the Lower Austrian "Art in Public Spaces" commisson. Architect Christian Knechtl convinced the jury with a concept that sustainably upgrades the square by means of

a place for celebrations

just a few focussed interventions. "Since the 1970s a number of different temporal layers have deposited here. It was important to make the sum of the left-over areas into an single space and to achieve something like the complete quality that a garden posesses", says Knechlt. "To do this the ground had to be excavated to create a platform on which the festivals that are part of the active village community life can be held. It was also intended as the helicopter landing pad for the village." A new level was determined, the ground was excavated to a depth of between 15 and 20 centimetres, the paved area raised by about 10 cm. This provided the basis for an unproblematic, barrier-free use. Twenty red horse chestnut trees that grow in the peripheral green areas are framed by a frieze of paving stones. It describes curving arcs derived from Baroque ornament and the towing radii of combine harvesters and leads to improved traffic safety, the monuments now stand democratically on one level in the grass. At the centre of the asphalted square Waldviertel granite stones form a large circle around the main body of the church. It is lined by four metre high lighting columns standing in cylindrical steel footings, like the seven "Aufrechten" (upright persons) from Gottfried Keller's novella of the same name. They symbolise the sacraments and describe a sacred place in public space. LED lamps are inserted in the ground around the apse and at night bathe the church tower in an orange light. The façade is illuminated by white light. This square provides space for village life and was a joint effort.There was a battle over every single tree, once the blue spruce was felled Knechtl knew that his design had been accepted. Much of the work was carried out by the village's own group of construction workers. "We derived the scale from the place. This square was made like a sculpture that is gradually released from a piece of wood."

Journal

UNStudio, Mercedes-Benz Museum Stuttgart 2006

Versuchs- und Forschungsobjekt Glaskuppel   Experimental and research object glass dome

Bauen mit Luft Building with air [▸ p. 22] Isabella Marboe

Werner Sobek ist Forscher, Entwerfer, Konstrukteur, Architekt und ein weltweit gefragter Bauingenieur. Die Schau „Skizzen für die Zukunft" im Wiener Ringturm zeigt Bauten und visionäre Projekte, die an seinem Forschungsinstitut ILEK entwickelt wurden.

Eigentlich wollte Werner Sobek Bühnenbildner werden, dann studierte er Architektur und Bauingenieurwesen. Er lehrt am Illinois Institute of Technology in Chicago und trägt an der Uni Stuttgart als Nachfolger von Frei Otto und Jörg Schlaich dazu bei, die Kluft zwischen den Disziplinen zu schließen. „Die Kultur des Bauens wird stark von der Konstruktion bestimmt," sagt Adolph Stiller, der mit Gert Eilbracht die Sobek-Schau im Ringturm kuratierte. Sie zeigt Bauten und Projekte, die Sobek und sein Team am Stuttgarter ILEK (Institut für Leichtbau Entwerfen und Konstruieren) entwickelten. Synergien zu finden ist seine große Stärke. Zaha Hadid, Norman Foster, Hans Hollein: viele schätzen seine Arbeit. Die Membrankonstruktion des International Airport in Bangkok (Murphy/Jahn) stammt aus einem seiner Büros, am Mercedes-Benz Museum (UNStudio van Berkel & Bos) war er beteiligt, auch beim Donau-City-Tower von Dominique Perrault wird er mitmischen.
Bei seinem eigenen Haus, dem R128 in Stuttgart, setzte Sobek auf vier Ebenen die Idee vom „Wohnen in einer Seifenblase" um. Der radikal transparente Quader war auf dem technologischen Letztstand der Jahrtausendwende als emissionsfreies, recyclebares Nullenergie-Haus konzipiert. Am Umgang mit Ressourcen entscheidet sich die Zukunft. „Das Bauen verbraucht etwa 35-40% der Energie, erzeugt 40% der Emissionen und produziert 50-60%

Minimiertes System, optimierte Leistung

vom Müll. Bei der Herstellung von Zement wird mehr CO_2 ausgestoßen als vom Verkehr," so Sobek. Für ihn ist Wiederverwertbarkeit ein Qualitätskriterium. „Die Frage lautet: Kann man ein und dasselbe Haus mit halb so viel Material bauen? Einer der Pfade, die wir dabei beschreiten, ist die Entwicklung von faserverstärktem Beton, der weniger CO_2 braucht." Die leichte und zugleich tragfähige Struktur des Oberschenkelknochens diente der aufgeschäumten Materialinnovation UHPC-Beton als Vorbild. Um zu sehen, wie dünn Wandstärken werden können, füllte man Beton zwischen die Gummihäute zweier ineinander gesteckter Luftballons: zurück blieb eine atemberaubend dünne Kugel.
Im Park vor dem Institut steht die weltweit größte freitragende Glaskuppel. Ihre Scheiben überbrücken eine Spannweite von 8,5 Meter. Sie sind leicht sphärisch gekrümmt und nur mit Klebstoff verbunden. In Relation zur Kuppel ist das 10 mm starke Glas dünner als eine Eierschale. „Wir wollten wissen, wie weit sich Systeme minimieren lassen und ob wir auf Tragwerke verzichten könnten," so Sobek. Das führte zum Bauen mit Luft: die Tragkonstruktion des Tea Pavilion (Masaaki Iwamoto) ist durch Unterdruck stabilisiert, seine transluzente Hülle zur Wärmedämmung mit Strohhalmen gefüllt. Auch die Membranüberdachung über den Resten des Krematoriums der Gedenkstätte Sachsenhausen (hg merz, Berlin) wird durch leichten Unterdruck in ihrer Position fixiert. Ein weiterer Forschungsschwerpunkt liegt bei intelligenten Gebäudehüllen, die sich wie Organismen an ihre Umwelt anpassen.

▸ 16.10. 2009
Skizzen für die Zukunft – Werner Sobek und das ILEK | Architektur im Ringturm, Schottenring 30, 1010 Wien | www.vig.com/architektur

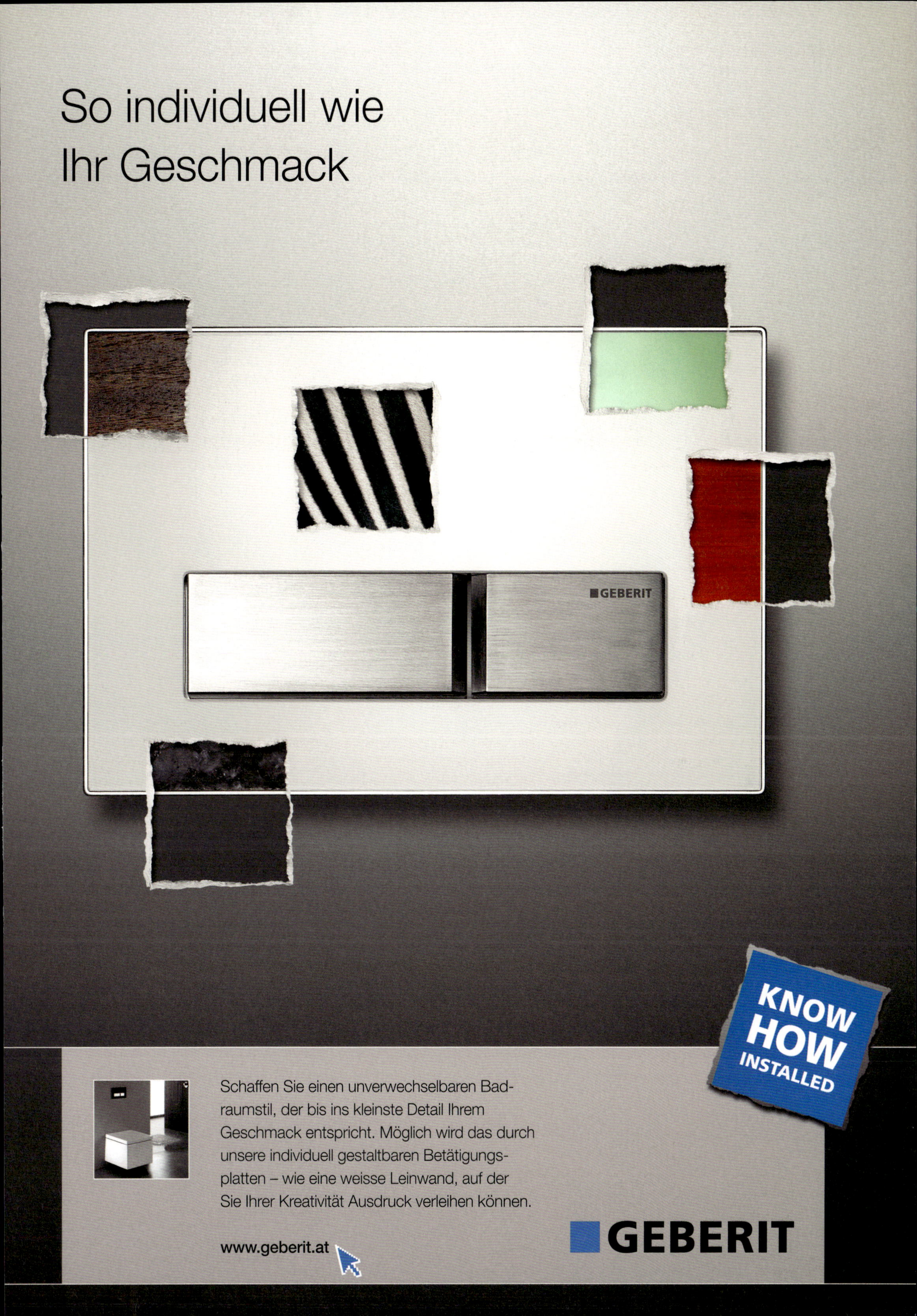

So individuell wie Ihr Geschmack

Schaffen Sie einen unverwechselbaren Badraumstil, der bis ins kleinste Detail Ihrem Geschmack entspricht. Möglich wird das durch unsere individuell gestaltbaren Betätigungsplatten – wie eine weisse Leinwand, auf der Sie Ihrer Kreativität Ausdruck verleihen können.

www.geberit.at

KNOW HOW INSTALLED

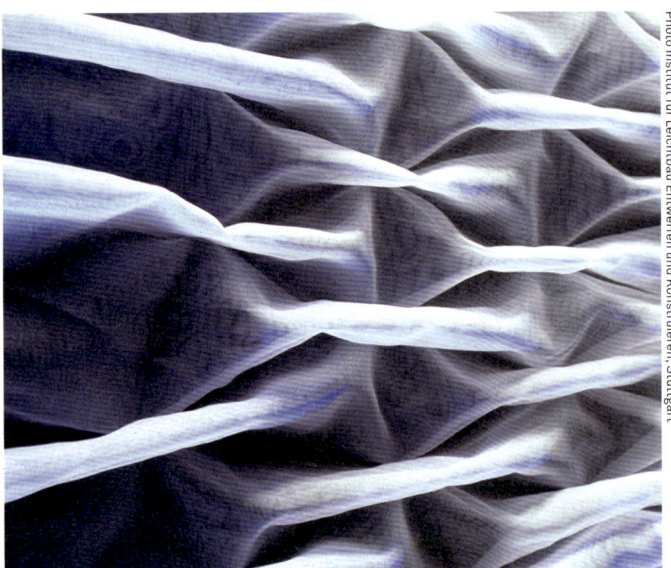
Faltenwurf, Studienarbeit Textilstudio Folding, studywork textile-studio

Murphy/Jahn, Flughafen Bangkok, Thailand 2006 Airport Bangkok 2006

Werner Sobek is a researcher, designer, conceptual engineer, architect and a civil engineer who is much in demand throughout the world. The show "Skizzen für die Zukunft" (Sketches for the Future) in the Ringturm in Vienna shows buildings and visionary projects developed at his research institute, ILEK.

In fact initially Werner Sobek wanted to become a stage set designer, but then studied architecture and civil engineering. He teaches at the Illinois Institute of Technology in Chicago and, as successor to Frei Otto and Jörg Schlaich at the University of Stuttgart, contributes to closing the gap between these disciplines. "The culture of building is strongly determined by the construction", says Adolph Stiller, who, with Gert Eilbracht, curated the show in the Ringturn.
This show presents buildings and projects developed by Sobek and his team at IlEK in Stuttgart (Institute für Lightweight Structures and Conceptual Design). Finding synergies is his great strength. Zaha Hadid, Norman Foster, Hans Hollein are among many who esteem his work. The membrane construction of the international airport in Bangkok (Murphy/Jahn) comes from one of his offices, he was involved in the Mercedes Benz Museum (UNStudio van Berkel & Bos), and will also work on the Donau City Tower by Dominique Perrault.
In his own house, the R128 in Stuttgart, Sobek applied the idea of "living in a soap bubble" on four levels. The radically transparent block was conceived at the beginning of the new millenium using state of the art technology as an emission-free, recyclable, zero energy house. The future will be decided by the way we employ resources. "Building uses about 35-40% of the energy, produces 40% of the emissions and 50-60% of the waste. The production of cement discharges more CO_2 than does traffic", says Sobek, for whom recyclability is a criterion of quality.

Minimised system, optimised performance

"The question is: can one build the same house using only half the amount of material? One of the paths we follow is the development of fibre-reinforced concrete that requires less CO_2:" The structure of the thigh bone which is light and yet strong thanks to its many voids served as a model for the foamed material innovation, UHPC concrete. This coarse-grained ultra high performance concrete is strengthened by different kinds of fibres. To see just how thin walls can be made, concrete was filled between the skin of two rubber balloons placed inside each other, producing a breathtakingly thin sphere. Many experiments with glass are also carried out.
In the park in front of the institute building stands the largest self-supporting glass dome in the world. Its panels span 8.5 metres. They are slightly curved spherically and joined only by adhesive. In comparative terms the 10 mm-thick glass of this dome is thinner than an eggshell.
"We wanted to see how far systems can be minimised and whether we could dispense with structures", explains Sobek. This led to building with air: the loadbearing structure of the tea pavilion (architect Masaaki Iwamoto) is stabilised by a vacuum, its translucent shell is filled with straws that serve as thermal insulation. The membrane roof over the remains of the crematorium in Sachsenhausen memorial site (architects hg merz, Berlin) is fixed in position by a partial vacuum. A further focus of the research work is intelligent building envelopes that can adapt to their environment like organisms.

16.10. 2009
Sketches for the Future – Werner Sobek and ILEK Architektur im Ringturm,
Schottenring 30, 1010 Wien
www.vig.com/architektur

MVRDV: Statistisches zur großstädtischen Dichte The problem of urban density by means of statistics

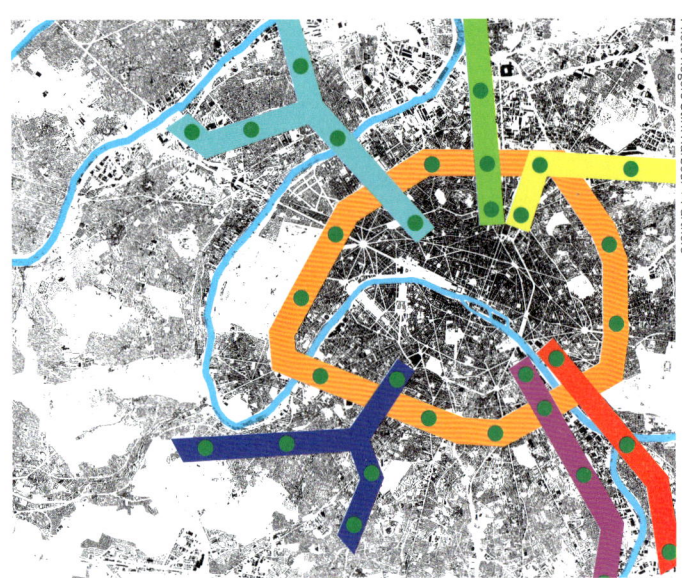

Richard Rogers: Verdichtung der Knotenpunkte ... suggests increasing the density at the nodes

Die große Herausforderung: Le Grand Paris
The Great Challenge: Le Grand Paris [▶ p. 26] Susanne Stacher

Vor 40, 50 Jahren wurden die Weichen der Pariser Stadtentwicklung gestellt: Der Boulevard périphérique, die Schnellzuglinien des RER, das Hochhausviertel La Défense. Diese Eingriffe haben das heutige Funktionieren der Stadt maßgebend geprägt.

Heute muss die Weiterentwicklung des stets wachsenden Großraumes Paris neu überdacht werden. Die Regierung Sarkozy bat zehn französische und internationale Architektenteams (interessanterweise keine traditionellen Raum- und Landschaftsplaner), über städtebauliche Strategien nachzudenken. Und zwar nicht nur in Bezug auf Nachhaltigkeit, Grünraumplanung und Verbesserung des Verkehrssystems, sondern auch zur Verminderung des sozialen Ungleichgewichts. Die Ergebnisse werden in der „Cité de l'Architecture et du Patrimoine" in Paris bis zum 22. November ausgestellt.
Das Spektrum der Vorschläge ist breit. MVRDV nähern sich statistisch an die Problematik der städtischen Dichte an. Ihren eindrucksvollen Computersimulationen folgen etwas rudimentäre, nicht sehr tief in die Pariser Problematik eintauchende, global bleibende Vorschläge wie Verdichtung entlang der Flüsse, Central-Park-ähnliche Umrahmung von Grünräumen, Hyperhochhausuniversität im Stadtzentrum.
Richard Rogers untersucht konkret die Problematik der Verkehrsachsen und schlägt eine Verdichtung der Knotenpunkte vor, insbesondere der Areale der beiden Hauptbahnhöfe: Über ihnen will er im Sandwichsystem Grünräume mit Windrädern anordnen, gesäumt von Wohnbauten mit begrünten Dächern und Solaranlagen. Diese Grünräume sollen eine fußläufige Erschließung attraktiver machen.
Christian de Portzamparc setzt strukturie-

Wie soll Paris im Jahre 2050 aussehen?

rende, allerdings etwas monumentale Zeichen, wie z.B. einen Nord- und Ostbahnhof zusammenfassenden Zentralbahnhof. Roland Castro ergeht sich in 1970er-Jahre-ähnlichen Idyllen zwischen begrünten Hochhäusern und Central Park-Nachahmungen, während die Pläne von Bernardo Secci und Paola Vigano sich zwischen systematischer Analyse und Strategien zur Verdichtung und Rehabilitierung flussnaher industrieller Randgebiete bewegen. Etwas aufgewärmt und abseits der gestellten Aufgabe erscheint der Vorschlag Antoine Grumbachs, das Wachstum von Paris auf das Seinegebiet auszudehnen und es bis nach Le Havre städtisch zu entwickeln.
Yves Lion wandelt Autobahnen in Stadtboulevards um und wertet diese neuen Achsen durch landschaftsgestalterische Eingriffe und Wohnbauten auf. Djamel Klouche liefert den abstraktesten, gleichzeitig klein- und großmaßstäblichen Ansatz: achtzehn verschiedene Orte werden auf ihre Potentiale und Pathologien hin untersucht, gezielte Eingriffe sollen Veränderungen schaffen. Finn Geipel setzt sich u.a. mit Agricultural Urbanism auseinander. Er schlägt ein stadtnahes System vor: ein zwischen Feldern und Einfamilienhaussiedlungen angeordneter Straßenmarkt soll Paris direkt versorgen.
Jean Nouvels Vorschläge zeigen eine tiefe Kenntnis der Materie. Sie sind, ob sie nun auf eine Verbesserung der Lebensqualität in den Wohnblöcken oder des Verkehrssystems der Pariser Banlieu und der überregionalen Verbindungen abzielen, von bestechender und zu konkretem Beginnen anregender Klarheit.

www.legrandparis.culture.gouv.fr
▶ 22.11.2009 www.citechaillot.fr

Inspirationen....
Bauen mit Stahl.

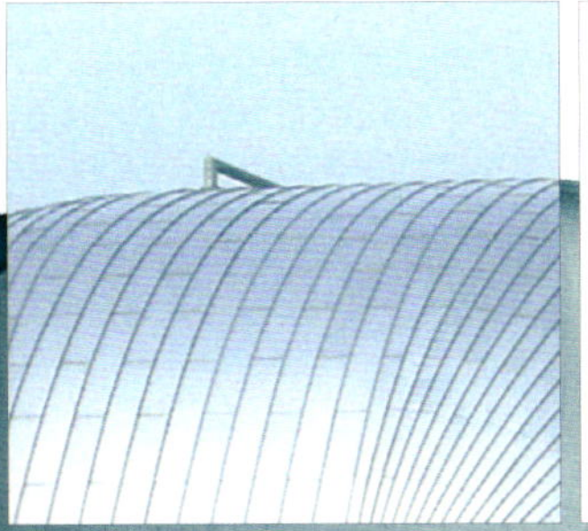

Kreativer Spielraum und formale Freiheiten führen zu innovativen Ideen. Stahlbau ist die gelungene Symbiose aus Architektur und Technologie, Ästhetik und Hightech. Mit modernen Gebäudehüllen vereint er Form und Funktion.

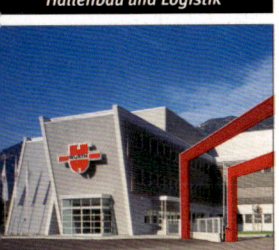
Hallenbau und Logistik

Verwaltungsgebäude

Brücken und Verkehrstechnik

Sonderkonstruktionen

STAHLBAU PICHLER

LIN Finn Geipel + Giulia Andi: Agricultural Urbanism

Christian de Portzamparc: Zentralbahnhof Central Station at Aubervilliers

The course for the urban development of Paris was set 40 or 50 years ago: the boulevard périphérique, the RER rapid commuter train lines, the high-rise district of La Défense. These interventions have decisively influenced the way the city functions today.

Now, however, the future development of the continuously growing greater Paris area must be considered once again. The Sarkozy government invited ten French and international teams of architects (interestingly enough no traditional land use and landscape planners) to think about urban planning strategies, not solely with regard to sustainability, the planning of green space and the improvement of the transport and traffic systems, but also with a view to reducing social imbalances. The results are being shown in the "Cité de l'Architecture et du Patrimoine" in Paris until November 22.

The proposals cover a broad spectrum. MVRDV approach the problem of urban density by means of statistics. Their impressive computer simulations are followed by rather rudimentary suggestions that remain on a global plane and do not investigate the problems in Paris at any great depth (increased density along the river, framed green spaces somewhat like Central Park, a hyper high-rise university in the city centre…).

Richard Rogers examines the problem of the traffic axes in a concrete manner and suggests increasing the density at the nodes, in particular around the two main railway stations: he lays out a sandwich system of green spaces with wind turbines lined by residential buildings with planted roofs and solar energy systems. Pedestrian access is intended to make these continu-

How should Paris look in 2050?

ous green spaces more attractive.
Christian de Portzamparc places symbols that while they provide a structure, are somewhat monumental such as, for example, a main railway station that connects the Gare du Nord and the Gare de l'Est .
Roland Castro indulges in 1970s-style idylls located somewhere been high-rise buildings with planting and copies of Central Park, while the plans by Bernardo Secci and Paola Vigano move between the poles of systematic analysis and strategies for increased density and the renovation of peripheral industrial areas near the river.
Antoine Grumbach's proposal to allow Paris to grow along the Seine valley and to develop it in an urban manner as far as Le Havre seems rather rehashed and in fact ventures outside what was asked for.
Yves Lion transforms motorways into urban boulevards and upgrades these new axes by means of residential buildings and interventions in the landscape.
Djamel Klouche presents the most abstract starting point that is both large and small scale: eighteen different locations are examined in terms of their potential and pathologies, focussed interventions are intended to initiate changes.
Finn Geipel examines agricultural urbanism among other things. He suggests a system near by the city; a street market located between fields and single-family housing estates is intended to serve Paris directly.
Jean Nouvel's proposals demonstrate a profound knowledge of the material. Whether they aim at improving the quality of life in the residential blocks or the transport systems of the Paris banlieus and supraregional connections, his suggestions posess an impressive clarity that could provide the basis for a concrete start.

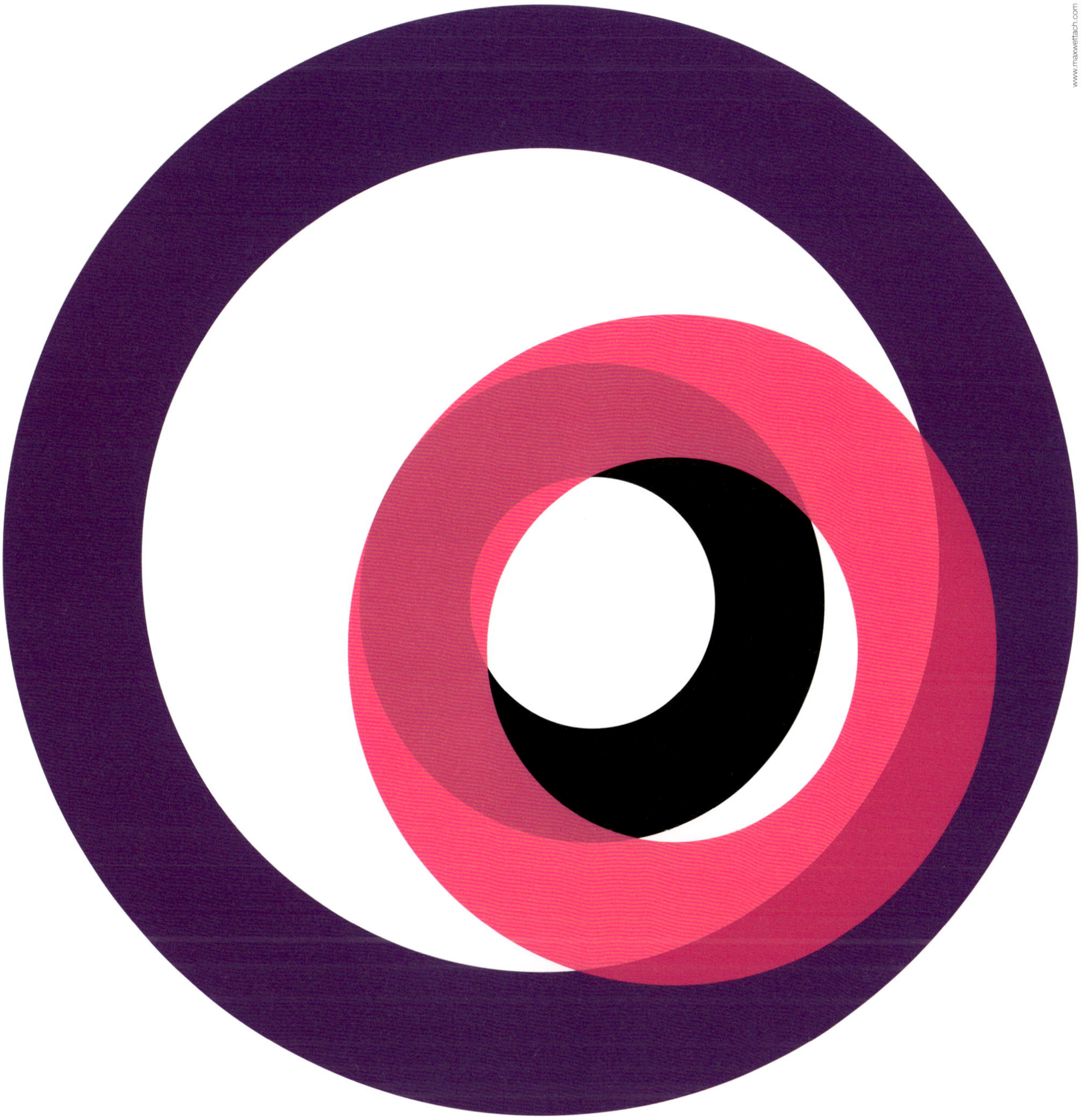

BLICKFANG | 09

INTERNATIONALE DESIGNMESSE FÜR MÖBEL, SCHMUCK UND MODE

MAK WIEN

www.blickfang.com
BASEL | STUTTGART | TOKYO | WIEN | ZÜRICH

16 FR
17 SA
18 SO
OKTOBER

Hollitzer Baustoffwerke Bad Deutsch-Altenberg NÖ 1992 Hollitzer building materials, Lower Austria 1992

Herzog & de Meuron, Dominus Winery, Napa Valley USA (1998)

Doyenne der Architekturfotografie: Margherita Spiluttini Doyenne of Architecture Photography: Margherita Spiluttini [▶p.30] Elke Krasny

Jedes zweite Jahr wird der Otto Breicha-Preis für Fotokunst an einen österreichischen Fotokünstler vergeben, der „ein beachtenswertes fotografisches Oeuvre" aufweist. Im Juli 2009 ging diese Auszeichnung an die Doyenne der österreichischen Architekturfotografie: Margherita Spiluttini.

Wie die Jury in ihrer Entscheidung argumentierte, war es die „klare und strenge fotografische Linie" sowie der „Schwerpunkt auf der Verbindung von Architektur und Natur", die sie überzeugte, den Preis an die aus Salzburg stammende, im Herzen Wiens lebende und arbeitende Fotografin zu vergeben. Im Salzburger Museum der Moderne Rupertinum ist bis Anfang Oktober eine Auswahl ihrer Werke zu sehen. Von der kontinuierlichen Konsequenz dieser Linie kann man sich aber auch wöchentlich mittels Spiluttini-Newsletter überzeugen. Diese Nachrichten aus dem Spiluttini-Archiv, einfach per Email zu abonnieren, bedeuten die ungetrübte Freude, regelmäßig mit Neuzugängen aus diesem sich beständig erweiternden architekturfotografischen Aufnahmenschatz versorgt zu werden. So bleiben alle Empfänger aktuell vertraut mit dem Oeuvre einer Pionierin der Architekturfotografie, die seit 1981 eine nicht zu unterschätzende und ganz entscheidende Rolle für die Architekturbewusstseinsbildung in Österreich spielte.

Liest man die Namen der Architekten, deren Bauten im Spiluttini-Archiv verzeichnet sind, so wird hier zeitgenössische Architekturgeschichte geschrieben. Unter vielen anderen finden sich Aufnahmen von Arbeiten von Alessandro Alverà, ARTEC Architekten, Auböck & Kárász, Ernst Beneder, Berger + Parkkinen, Luigi Blau, Hermann Czech, David Chipperfield,

Der Blick, dem Architektur standhalten können muss

Sir Peter Cook, Cufer und Partner, Gasparin & Meier, Heinz & Mathoi & Streli, henke und schreieck Architekten, Arata Isozaki, Rüdiger Lainer, lichtblau.wagner, Elsa Prochazka, Heinz Tesar, Franziska Ullmann oder propeller z realisiert. Allein 32 Projekte des Schweizer Duos Herzog & de Meuron umfassen eine Werkgruppe von mehr als 500 Fotografien.

Seit Jahrzehnten entwickelt Margherita Spiluttini mit äußerster Konsequenz und unnachahmlicher Präzision ihre blickschärfende Schule des Architektursehens. Diese Schule des Sehens ist auch eine Schule des Erkennens. Architektur zu erkennen heißt, die Qualitäten von Architektur der aufnehmenden Überprüfung zu unterziehen. Architektur muss Spiluttinis Blick eben auch standhalten können. Sie rückt der Architektur langsam und ausdauernd nahe, nicht nur von Architekten beauftragt, sondern auch den namenlosen technischen Ingenieursbauwerken in den Alpen, ohne die notwendige und klärende Distanz des beurteilenden und analytischen Abstands je aus dem Auge zu verlieren.

Spektakulär interveniert oder künstlich inszeniert wird in diesen Fotografien in keiner Weise, zum nachdenklichen, Spuren lesenden und bescheiden machenden Hinsehen Architektur ins Bild gesetzt sehr wohl. Die Lust an der permanenten Blickschärfung zeichnet ihr Oeuvre aus, das sich unbeirrt von zeitgeistigen Vorlieben der Strenge der Komposition verschrieben hat und so eine Sachlichkeit der Zeitlosigkeit hervorbringt.

▶ 4.10.2009
MdM Rupertinum Salzburg
www.museumdermoderne.at

Haus Zita Kern, Niederösterreich 1998 House Zita Kern, Lower Austria 1998

Leube Grödig 1995, aus der Serie: Steinbrüche Leube Groedig 1995, from the series: stone pits

Every second year the Otto Breicha Prize for the art of photography is awarded to an Austrian photographer who can present "a remarkable photographic oeuvre". In July 2009 this award went to the doyenne of Austrian architecture photography, Margherita Spiluttini.

As the jury commented in explaining its decision it was the "clear and severe line of the photography" as well as the "focus on the connection between architecture and nature" that convinced them to present the prize to this photographer who originally hails from Salzburg and now works and lives in the heart of Vienna. A selection of her works is on show in Salzburg's Museum der Moderne Rupertinum until the beginning of October. One can convince oneself of the continuous consistency of this line every week by means of the Spiluttini newsletter. A simple email subscription to this news from the Spiluttini archive offers the untrammelled delight of being regularly supplied with new entries from this constantly growing treasury of architecture photography. All subscribers are thus kept up to date with the oeuvre of a pioneer of architecture photography, who, since 1981, has played a role that ought not be underestimated and has been very decisive in shaping the awareness of architecture in Austria.

The names of the architects whose buildings are listed in the Spiluttini archive reads like a record of contemporary architecture history. Among many others you can find here photographs of works carried out by Alessandro Alverà, ARTEC Architekten, Auböck & Kárász, Ernst Beneder, Berger + Parkkinen, Luigi Blau, Hermann Czech, David Chipperfield, Sir Peter Cook, Cufer und Partner, Gasparin & Meier, Heinz

The gaze that architecture must be able to withstand

& Mathoi & Streli, henke und schreieck Architekten, Arata Isozaki, Rüdiger Lainer, lichtblau.wagner, Elsa Prochazka, Heinz Tesar, Franziska Ullmann or propeller z realisiert. The 32 projects by the Swiss duo Herzog & de Meuron alone include a group of more than 500 photographs.

With extreme consistency and a matchless precision Margherita Spiluttini has, for decades, been developing her school of looking at architecture in a way that sharpens and focusses the gaze. This school of looking is also a school of perception. The perception of architecture means subjecting the qualities of architecture to a recording examination. Architecture must also be able to withstand Spiluttini's gaze. Slowly and with endurance she moves closer to the architecture, not only if commissioned by architects but as well to technical engineering structures in the Alps by unknown authors, without ever losing the necessary clarifying distance that allows both analysis and judgement. These photographs are neither spectacular interventions nor artificial presentations, instead architecture is illustrated in a way that makes one look at it reflectively, that allows traces to be read and produces a certain modesty. The delight in permanently honing and focussing the gaze is characteristic of her oeuvre which, undistracted by fashionable tendencies, is devoted to the severity of composition and consequently produces a timeless objectivity.

▶ 4.10.2009
MdM Rupertinum Salzburg
www.museumdermoderne.at

Mit Lambda in die Zukunft

NEU

Die Türe

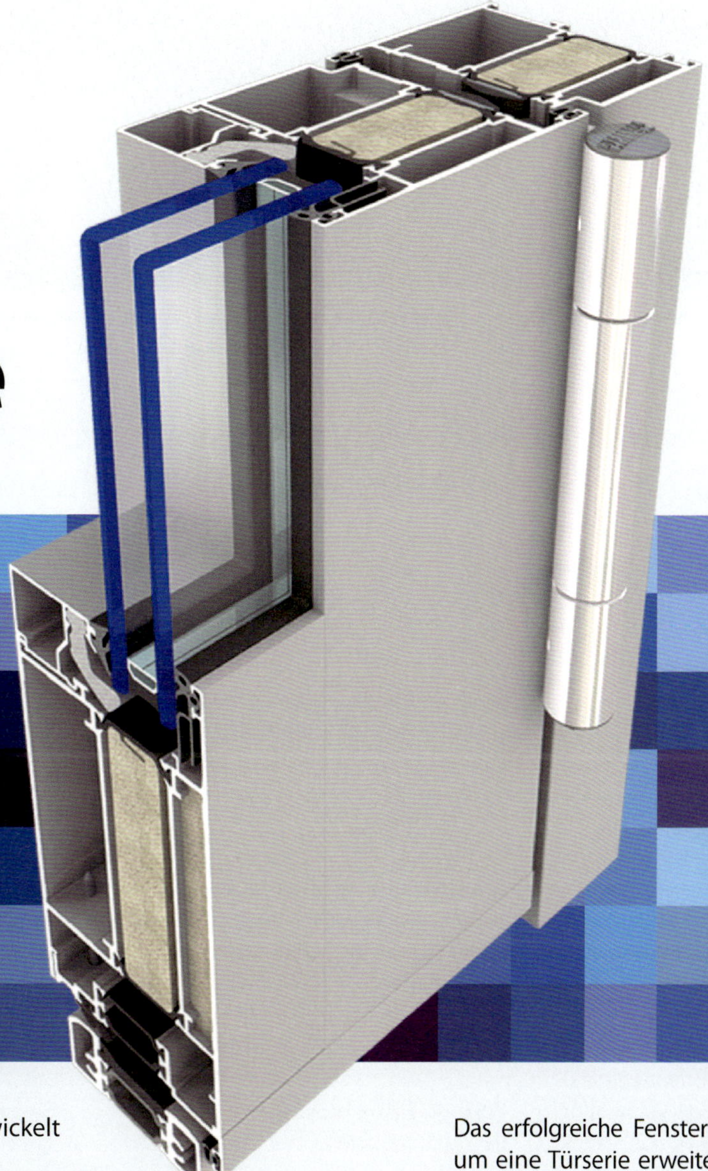

Die Lambda-Türe - für den Fortschritt entwickelt

- drei Bautiefen mit 57, 65 und 77 mm
- variable Einstellung des U_f-Wertes bei Lambda 77 L
- Delta-T-Verbund gegen Bi-Metall-Effekt
- U-Wert-Sperre im Falzraum
- systemübergreifende Beschläge
- variable Schwellen- und Sockellösungen
- volle Integration in die Lambda Fensterserie

Das erfolgreiche Fenstersystem Lambda ist nun um eine Türserie erweitert, die allen Anforderungen der Praxis entspricht und der Idee des Systembaukastens neue Dimensionen verleiht.

Systembaukasten komplett

1230 Wien, Rossakgasse 8   2751 Steinabrückl, Blätterstr. 9-11
Tel: 01 667 15 29-0 Fax-DW: 141   Tel: 02622 43 110-0 Fax-DW: 43
www.hueckrichter.at   office@hueckrichter.at

HUECK+RICHTER
Aluminium GmbH
Partner mit persönlichem Profil

Joseph Beuys: Honigpumpe am Arbeitsplatz (1977) Honey Pump at the Workplace (1977)

Mark Dion: Mobile Wilderness Unit (2006)

Radical Nature: Art and Architecture for a Changing Planet 1969-2009 Exhibition at the Barbican Arts Complex, London [▶p. 33] Oliver Lowenstein

Verdienen die Prioritäten einer Themen-Ausstellung wirklich den Vorrang vor der Nachvollziehbarkeit des Konzepts? Mit dieser Frage könnte man Londons Barbican Centre nach dem Besuch von Radical Nature, einer Umweltkunst- und Architektur-Schau, verlassen.

Durch eine prononcierte Verschiebung hin zur Installationskunst ergibt sich eine betörende Vielfalt von Philosophien und Perspektiven. Die Ausstellung selbst ist ihrem Wesen nach insofern modern, als sie anti-romantischen, realistischen und quasi-aktivistischen Anliegen Nachdruck verleiht, wenn auch die unausgesprochene Ironie im Gebrauch des Wortes „radikal" in ihrem Titel inmitten eines Brutalo-Architektur-Ensembles in Londons Finanzbezirk offenkundig ist.
Die Bandbreite kann verstörend sein. Fasr Seite an Seite tauchen modellhaft ausgebreitete Weltsichten auf; der esoterische Mystizismus, der sich in Joseph Beuys' Honigpumpe am Arbeitsplatz verbirgt, ist so weit weg von aller Amerikaner Techno-Boy Buckminster Fuller, wie nur denkbar. An Mark Dions Diorama 2006, Mobile Wilderness Unit – Wolf, mit einem kunstgerecht präparierten Wolf, der auf einem stählernen Anhänger sitzt und jedem neuen Besucher genau zwischen die Augen schaut, knüpft die Ausstellung die Themen des Natur-Kultur-Dualismus und der anthropomorphen Frage nach dem Wesen der Natur.
Ist auch der Wolf das ungezähmte Wilde in uns allen, suchen die meisten der ausgestellten Stücke doch eher in pflanzlichen Gefilden nach Bezügen zur menschlichen Natur. Als von der Natur abgeleitete technische Träumerei zu verstehen: Fullers geodätische Kuppel aus Holz, Schritte ent-

Realistisch-aktivistisch oder des-illusioniert?

fernt von Tomas Saracenos 3 x 12MW, das lediglich von geometrischen und mathematischen Wundern der Natur kündet. Andere aus der jüngeren Generation, wie etwa Simon Starling, inszenieren eine durchdachte Desillusionierung. Sein Island of Weeds mischt humanen und ökologischen Kolonialismus, Migration und räumlich versetzte Natur in Gestalt des Rhododendron, der aus Kunststoffschläuchen hervorwächst.
Das Schaffen der älteren Generation erzählt eine andere Geschichte. Im Erdgeschoß verweist Newton und Helen Mayor Harrisons überlebenskünstlerische Full Farm aus vier Container-Paaren zur Zucht verschiedener Gemüsepflanzen den Besucher auf die Abhängigkeit menschlicher Gesundheit von der der Umwelt.
Dank dem so weit gespannten Netz von Radical Nature kommen viele Umweltkünstler, welchen sonst keine öffentliche Aufmerksamkeit zuteil geworden wäre, in einem eigenen Raum zur Geltung. Im Sinne einer aufschlussreichen Dokumentation macht die aus der Juxtaposition resultierende Dynamik zwischen den alten, pionierhaft idealistischen und den bemüht entspannten Haltungen der jüngeren Generation Radical Nature zu einem Kompendium des Wechsels der Generationen. Und trotz des realistisch-aktivistischen Stranges ordnet die schiere Breite des Ganzen es eher dieser jüngeren Neutralität zu. Wenn die Ausstellung, in einer fundamental konformistischen Ära, die Köpfe der Besucher inspiriert oder sie gar auf den Raum des aufgegebenen Radikalismus hinweist, dann hat sie einen Teil ihrer Aufgabe erfüllt.

▶ 18. Oktober 2009
Barbican Art Gallery, London
www.barbican.org.uk/artgallery

HAWA-Puro: offen für volle Transparenz.

Ästhetik pur: HAWA-Puro 100–150 und HAWA-Purolino 80. Die diskreten Beschläge für Glasschiebetüren mit verdeckter Aufhängung.

Glasklare Vorteile: Schiebelösungen mit HAWA-Puro 100–150 und HAWA-Purolino 80.

- Puristisches Design – alle Komponenten unsichtbar in der Laufschiene integriert und doch jederzeit zugänglich.
- Deckenbündige Laufschienen oder aufgesetzt montiert. HAWA-Purolino 80 zusätzlich für Wandmontage.
- Hohe Betriebssicherheit durch formschlüssige Verbindung von Beschlag und Glas.
- Mit Einscheiben- wie mit Verbundsicherheitsglas verwendbar.
- Einfachste Montage dank innovativer Keilaufhängung für schnelle Höheneinstellung.
- Vielfältige Zubehörteile sowie Abschlussprofile gegen Zugluft.

Eleganter als mit unsichtbarer Technik kann man transparente Materialien nicht bewegen. Schön also, dass es von Hawa zwei Schiebebeschlagsysteme gibt, die Ihre gestalterischen Ideen rund um Ganzglastüren mit verdeckter Aufhängung und in der Decke integrierbaren Laufschienen unterstützen.

So durchdacht wie attraktiv: HAWA-Puro 100–150.

Ob innovativer Ladenbau oder gepflegte Büro-Architektur: Für raumhohe Glastüren bis 150 kg ist der HAWA-Puro 100–150 eine glanzvolle Lösung. Mit seinem reichhaltigen Zubehör meistert er selbst unkonventionelle Raum- und Anwendungssituationen und bietet Ihnen dabei auch die Möglichkeit zur Integration von Festteilen aus Holz oder Glas – sogar als Schiebetürtaschen.

Die Leichtigkeit des Schiebens: HAWA-Purolino 80.

Transparent, flexibel, montagefreundlich: Dank solchen Vorzügen fühlt sich der spezifisch auf Türgewichte bis 80 kg ausgelegte HAWA-Purolino 80 unter anderem im gehobenen Wohnungsbau zu Hause. Zumal sich dieser kompromisslose Design-Beschlag auch an der Wand montieren lässt und somit speziell für Türen geeignet ist, die vor einer Wand laufen.

Stilvolle Laufscheine mit Edelstahl-Effekt: HAWA-Purolino 80.

Für alles Nähere und Weitere: www.hawa.ch.

Bitte senden Sie mir Unterlagen zum Schiebebeschlag ☐ HAWA-Puro 100–150 ☐ HAWA-Purolino 80

Firma _____
Vorname/Name _____
Strasse _____
PLZ/Ort _____

Telefon _____
Telefax _____
E-Mail _____

Hawa AG Schiebebeschlagsysteme
CH-8932 Mettmenstetten, Telefon +41 44 767 91 91, Telefax +41 44 767 91 78, www.hawa.ch

Simon Starling: Island of Weeds; Tomas Saraceno: 3x12MW

Newton & Helen Mayor Harrison: Full Farm

Ought the priorities of a message-led exhibition trump those of internal conceptual consistency? This was a primary thought I came away with after visiting London Barbican's, Radical Nature, an enviro-art and architecture showcase.

With an emphatic tilt towards installation and other conceptual sculptural-cum-architectural media through the last forty years, much of which aimed to work within real built environments, its range and spread embraces a beguiling diversity of philosophies and perspectives. The exhibition itself is essentially modern, pushing anti-romantic, realist and quasi-activist agendas, even if the ironies of using 'radical' in its title amidst a brutalist art complex located deep inside London's financial City district may be obvious but remain unspoken. The breadth can be disconcerting. Conceptual stretches of world-view turn up almost literally side-by-side; the esoteric mysticism veiled within Joseph Beuys's Honey Pump at the Workplace is just about as far as you can get from the All-American Techno-Boy Buckminster Fuller.

From Mark Dion's opening 2006 Mobile Wilderness Unit – Wolf, with a taxidermitalogically skinned wolf, sitting upon a steel trailer, looking each new visitor straight between the eyes, a linked dominant theme threading its way through the gallery is both the nature-culture divide and the anthropomorphic question of the nature of nature. If the wolf is the untamed wild in us all, as much as nature out there, though most of the pieces represented look to the vegetable rather than animal realms, in navigating relations with human nature. Either this or nature-derived technological reverie: the Fulleresque wooden geodesic dome feet away from Tomas Saraceno's 3 x 12MW; inflated spherical balloons hung on and anchored by ropes, each speaking to nature's geo-

Pioneering idealism or disenchantment?

metrical and mathematical wonder, but not to any further relation to their source of inspiration. Others from recent generation, such as Simon Starling, relay a developed disenchantment. His Island of Weeds mixes human and ecological colonialism, migration and displaced nature in the form of that charismatic weed, the rhododendron, growing out of a self-regulating, mechanical underbelly of plastic tubing – the composition conspiring to remind us of the scene's glaring artificiality.

In contrast the work drawn from the older generation tells a different story. On the ground floor Newton and Helen Mayor Harrison's survivalist Full Farm draw the visitor back to the dependency of human health on the health of the environment, its inner-gallery allotment comprised of four pairs of containers growing various vegetables, the eco-activist message never far from the topsoil.

With Radical Nature's net so widely cast, many eco-artists who would otherwise have not been brought to the publics' attention crop up within its single space. As much as useful documentation, set alongside each other, the dynamic between the old, pioneering idealist and the younger studiedly disengaged generations stances turns Radical Nature into a register of generational retreat. Despite its realist-activist strand, the sheer range aligns it closer to this latter neutrality. If, in a fundamentally conformist era, the exhibition inspires or even turns the visiting publics heads towards the space of radicalism offered up, some of its job will have happened. And as documentation to a space and time it is likely as good as we are going to get.

▸ 18 October 2009
Barbican Art Gallery, London
www.barbican.org.uk/artgallery

Sean, Design: Jean-Marie Massaud

Immer stärker

Der italienische Möbelhersteller Arper präsentiert sich von einer immer schwungvolleren Seite und zeigt sich voller Tatendrang. Grund dafür ist die sensationelle Steigerung des Umsatzes von dreißig Prozent von 2007 auf 2008, seit 2003 hat das Unternehmen den Umsatz vervierfacht. Mit diesen beachtlichen Zahlen im Hintergrund entschloss man sich für das Jahr 2009 für weitere strategische Schritte, in dem man das Angebot der ohnehin schon ansehnlichen und umfangreichen Produktpalette noch erweiterte. Hinzu kamen zwei Kollektionen mit Lounge-Sofas, ein umfassendes System vierbeiniger Tische, eine neue Linie von Sitzmöbeln und neue Varianten der Firmenbestseller. Geschäftsführer Claudio Feltrin ist zuversichtlich, dass sich das Unternehmen trotz Wirtschaftkrise auch weiterhin in jeder Hinsicht steigern wird.

So entschied man sich dieses Jahr auch, die Ausstellungsfläche auf dem Mailänder Salone del Mobile auf 400 Quadratmeter zu verdoppeln, um das gesamte Sortiment in voller Breite präsentieren zu können und die Stärken der Möbel – Vielseitigkeit, Komfort und Sinn für das Detail – noch stärker ins Rampenlicht zu setzen. Dabei wurden die Neuheiten der Kollektion besonders eindrucksvoll inszeniert wie etwa Sofa Sean mit seinem geometrischen, rationalen Profil und einer weichen, bequemen Sitzfläche. Das als Ein- oder Zweisitzer sowie als Bank erhältliche Objekt, das auf einem gepolsterten MDF-Gestell mit vier Aluminiumfüßen basiert und mit einem Bezug aus Leder, Kunstleder, Stoff oder Kundenstoff geliefert werden kann, eignet sich sowohl für den Empfangs- als auch für den Wohnbereich und begeistert mit seiner raffinierten Balance zwischen Form und Komfort.

Arper S.p.A.
Via Lombardia 16 | I-31050 Monastier (Tv)
Tel. +39/0422/79 18 | Fax +39/0422/79 18 00
info@arperitalia.it | www.arper.it

Repräsentanz Österreich:
Helfried Wallner - Handelsagentur Wohnen Objekt
Dorfstraße 54 | A-8430 Leitring
Tel. +43/664/2500 17 34 | Fax +43/34 52/727 62
office@helfriedwallner.at | www.helfriedwallner.at

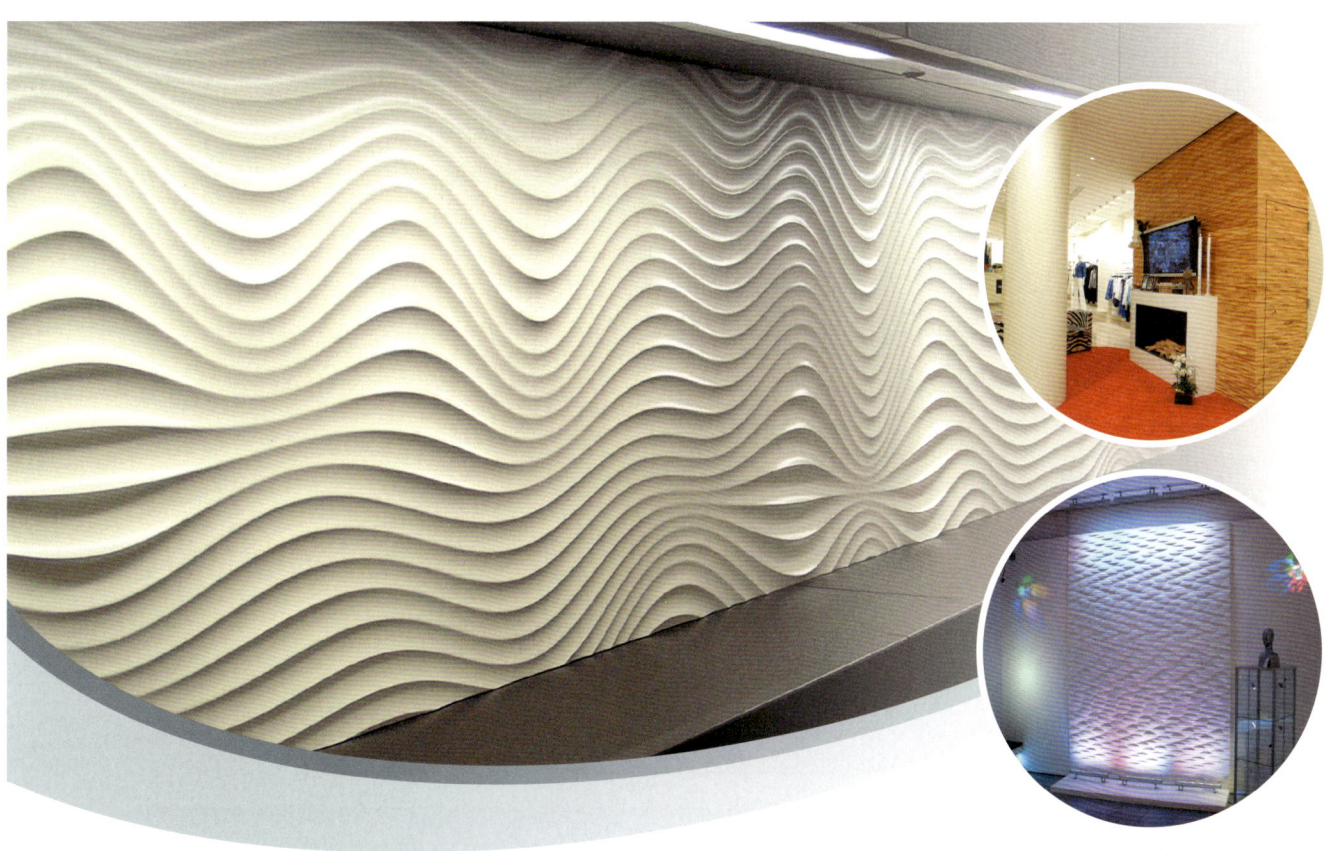

Bringen Sie Struktur in den Raum

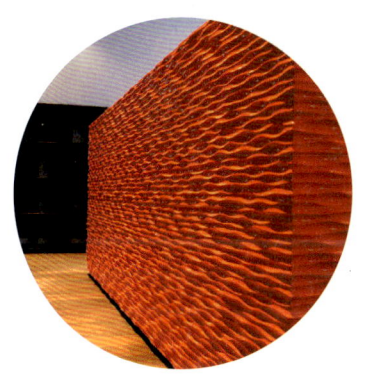

virtuell

Inspiration. Kreation. Faszination.

3D-Relief-Platten von Virtuell sind strukturierte Paneele aus Holzwerkstoffen in den verschiedensten Dekoren. Die Kombinationsmöglichkeit aus über 30 Mustern in Massivholz und in den verschiedensten Farben lackiert, bietet Ihnen eine unbegrenzte Vielfalt an Gestaltungsmöglichkeiten.

Für nähere Informationen wenden Sie sich bitte an:

Beratung:

Wolfgang Spitzer, Design- u. Akustiksysteme e.U.

4020 Linz, Händelstraße 40/6
Tel: 0732/947 610, Fax: 0732/947 639
office@design-akustik.at · www.design-akustik.at

Vertrieb:
J.u.A. Frischeis GmbH
2000 Stockerau, Gerbergasse 2
Tel: 02266/605-0, Fax: 02266/629 00
info@frischeis.at
www.frischeis.at
www.virtuell-vertrieb.at

J.u.A. FRISCHEIS

Fordern Sie das virtuell Produkthandbuch an.

SCHNITTHOLZ · FURNIERE · PLATTEN · BAUELEMENTE

Österreich · Deutschland · Tschechien · Slowakei · Ungarn · Slowenien · Kroatien · Rumänien · Bulgarien · Ukraine · Bosnien · Serbien · Russland · Polen

Oper Oslo, Snøhetta

Portello, Cino Zucchi

Stolz auf Stein

Im Rahmen der diesjährigen Marmomacc, die Anfang Oktober in Verona stattfinden wird, wird auch bereits zum elften Mal der „International Stone Architecture Award" vergeben werden. Seit diese Auszeichnung 1987 ins Leben gerufen wurde, ist sie eine fundamentale Referenz für Architekten, Ingenieure und Universitäten, die sich mit der Verwendung von Stein in Verbindung mit Konstruktionen beschäftigen, aber auch offen für Innovationen sind. 2009 besteht die Jury aus hoch qualifizierten, internationalen Mitgliedern, darunter Historiker, Kritiker und Universitätsprofessoren von Architekturfakultäten.

Was man schon im Vorfeld erkennen kann, so hat die Jury in der Vorauswahl öffentliche Projekte in europäischen Städten, kleinere städtische, aber auch winzige Erziehungsstrukturen im ländlichen Raum favorisiert sowie herausragende und exemplarische Projekte privater Natur vor dem Hintergrund der Wiederver- und –aufwertung städtischer Elemente. Alle Projekte drücken nicht nur eine starke Verbindung zur Tradition des Bauens aus, sondern repräsentieren ein fähiges Material als wichtiges und herausforderndes Instrument, eine Beziehung zur Umwelt zu kreieren. Zum Award erscheint ein Buch mit der Dokumentation aller Gewinnerprojekte, begleitet von kritischen und historischen Artikeln eminenter Architekturpersönlichkeiten. Zwei weitere Preise fokussieren allerdings nicht auf das zeitgenössische Bauen: Der „ad memoriam" Award würdigt repräsentative Gebäude der spanischen Moderne, der „vernacular architecture" Award zeichnet die großartige ländliche Bautradition der iberischen Halbinsel entlang der Atlantikküste aus. Die Marmomacc findet von 30. September bis 3. Oktober 2009 in Verona statt.

VeronaFiere
Viale del Lavoro 8 | I-37135 Verona
Tel. +39/045/82 98 111 | Fax +39/045/82 98 288
info@veronafiere.it | www.veronafiere.it
www.marmomacc.com

Showcase

Blickfang Wien 2009: undpartner(punkt)at

Blickfang Wien 2009: Destilat

info@blickfang.com | www.blickfang.com
www.shop.blickfang.com

Auf einen Blick

Die Zeit vergeht, der Erfolg steigt: Die BLICKFANG Designmesse in Wien präsentiert dieses Jahr bereits zum sechsten Mal erfrischende Ideen der jungen Designgeneration. Ort der Veranstaltung wird auch heuer wieder die im Neorenaissance-Stil gehaltene Ausstellung des Wiener Museums für Angewandte Kunst sein, wo sich die Exponate mit dem permanenten Designmöbelbereich des Museums benachbart in allerbester Gesellschaft befinden. Die erfolgreiche Designveranstaltung erfreut sich wachsender Beliebtheit – sowohl bei den Teilnehmern als auch bei den Besuchern. Das kann man daran messen, dass rund die Hälfte der 140 Aussteller zum ersten Mal an der BLICKFANG teilnehmen und weiteren frischen Wind hineinbringen. Auf 3.500 Quadratmetern werden die Entwürfe aus den Themenbereichen Möbel, Licht, Mode und Schmuck gezeigt, die die Blicke des interessierten Publikums einfangen werden.

Verstehen kann man die Veranstaltung als eine Art innovatives Design-Kaufhaus, das drei Tage lang zu Flanieren, Gustieren und Einkaufen einlädt. Letztes Jahr ließen sich rund 12.000 Designbegeisterte von den auf der BLICKFANG ausgestellten Objekten, den Designern im direkten Gespräch und von der Ungezwungenheit des Events inspirieren. Erfrischend durch neue Ideen, außergewöhnlich durch das unkonventionelle Sortiment der Produkte und mit einer großen Brise persönlichen Flairs hat sich die Designmesse nicht nur zu einer fruchtbaren Kommunikationsplattform entwickelt, sondern auch zu einer bunt gemischten Design-Safari der besonderen Art. Auch dieses Jahr darf man wieder auf ausgefallene Standkonzepte gespannt sein, begleitet von der Sonderschau „design for kids" und dem Studentenwettbewerb „BLICKFANG next", bei dem die fünf daraus hervorgegangenen Sieger ihre Entwürfe zeigen dürfen. Die Verleihung des „BLICKFANG Designpreises", das Highlight der Messe, darf selbstverständlich auch nicht fehlen. Die BLICKFANG findet vom 16. bis zum 18. Oktober 2009 statt.

BLICKFANG|09

Schön gestrichen

Der Schweizer Hersteller IGP Pulvertechnik AG produziert hochwertige Pulverlacke für den Fassaden- und Designbereich. Mit einer Neuentwicklung ist es nun gelungen, einen Pulverlack herzustellen, der eine metallische, eloxalartige Oberfläche besitzt mit einer tiefmatten Glanzgrad-Stufe, die es bei Pulverlacken bisher noch nicht gab. Möglich wird dieses Erscheinungsbild durch eine neuartige Bindemittelchemie, die tiefmatte Glanzgrade von etwa 5 EH ermöglicht. IGP-DURA®xal begeistert auch durch den exzellenten Verlauf der Pulveroberfläche, der nahezu das Niveau von Flüssiglacken erreicht. Neben den klassischen Eloxalfarben sowie einer Vielzahl von Trend- und Designfarben können mit diesem Produkt brillante Effekte erzeugt werden.

Bestechend ist auch die Verarbeitungsfreundlichkeit von IGP-DURA®xal. Es kann auf den unterschiedlichsten Untergründen – Aluminium, Stahl, Metallguss oder Glas – eingesetzt werden und weist mechanische Produktvorteile auf. Denn mit einem speziellen Herstellungs-Prozess, dem IGP-Premium Bonding, gelingt eine gesteigerte Anbindung der Effektmittel an die Pulverkörner. Außerdem ist das Pulverlacksystem für den Innen- und Außenbereich geeignet, insbesondere für den Architekturbereich in einer hochwetterfesten Qualität als IGP-DURA®xal 4201, und ist in einer breit aufgestellten Farbpalette erhältlich. Für den Industrie- und Designbereich stehen zu dem noch weitere Farben und eine Vielzahl von RAL-, NCS- und Sonderfarbtönen bereit, die allesamt wetterfeste Eigenschaften aufweisen. Wer also matte Oberflächen mit samtiger Tiefe bevorzugt, bei der fließende Formen ohne Glanzflächen unterstützt und die Lichtquelle mit feinsten Mikrostrukturen zerstreut werden, ist hier genau richtig.

IGP Pulvertechnik AG
Industrie Stelz, Kirchberg | CH-9500 Wil
Tel. +41/71/929 81 11 | Fax +41/71/929 81 81
info@igp.ch | www.igp.ch

Showcase

Beyeler Foundation Museum Riehen, Basel

CERSAIE
BOLOGNA ■ ITALY
INTERNATIONAL EXHIBITION
OF CERAMIC TILE AND BATHROOM
FURNISHINGS

Renovierung und Erweiterung der Morgan Bibliothek in New York

Hoher Besuch

Die diesjährige Cersaie, internationale Ausstellung für Keramik und Badausstattung, rückt immer näher. Und sie ist bestens vorbereitet für ihre Besucher, denn schon jetzt hat sich Stararchitekt Renzo Piano als Gast für den Architecture Day am 01. Oktober 2009 – seit Jahren ein Fixpunkt der Cersaie – angekündigt. Der 1937 in Genua geborene, in Paris lebende Architekturstar wurde in einer Familie von Konstrukteuren groß und zählt zu den rebellischen Studenten der ersten Stunde in den Sechziger Jahren. Nach seinem Abschluss am Polytechnikum in Mailand und ersten eigenständigen Gehversuchen mit seinem Bruder Ermanno gründete er mit Richard Rogers in London das Büro Piano & Rogers, das Architekturgeschichte schrieb. Gemeinsam gewannen sie den Wettbewerb für das Centre Pompidou, gleichzeitig verlagerte sich der private und geschäftliche Lebensmittelpunkt von Renzo Piano nach Paris. 1981 rief er sein Büro RPBW (Renzo Piano Building Workshop) ins Leben, das heute Niederlassungen in Paris, Genua und New York hat und mit 150 Mitarbeitern zu den größten Architekturbüros der Welt zählt. Er ist also genau der richtige Mann, um den Vortrag „Creating Architecture" zu halten.

In der angekündigten Architecture Gallery wird man sich aber auch noch anderen aktuellen Themen widmen. Unter dem Übertitel „Building, Dwelling, Thinking" organisiert die Cersaie das größte Architekturprogramm in ihrer Geschichte. Neben Renzo Piano werden mehr als 50 Vorträge gehalten, in denen es unter anderem um Nachhaltigkeit, den Einsatz von keramischen Fliesen in der Architektur, Energieoptimierung bestehender Gebäude und Energieeffizienz, aber auch um Umwelt und deren Integration in die Architektur gehen wird. In der Sonderschau „Living in the Desert" werden minimalistische Architekturprojekte in den USA gezeigt, die keramische Elemente verwenden. Man darf also schon sehr gespannt sein.

Die Cersaie findet vom 29. September bis zum 3. Oktober 2009 in Bologna statt.

Ceramic Tiles of Italy
promoted by Confindustria Ceramica
Viale Monte Santo, 40 | I-41049 Sassuolo (Mo)
Tel. +39/05 36/80 45 85 | Fax +39/05 36/80 65 10
info@italiatiles.com | www.italiatiles.com
www.cersaie.it

Gut zu hören

Bei der Kölner Orgatec im Vorjahr zeichnete sich eine starke Auseinandersetzung mit dem Thema Akustik ab. So waren allein fünfzig Unternehmen unter den Ausstellern, die ausschließlich Akustikprodukte für den Büro- und Objektbereich herstellen. Zunehmende Sensibilisierung gegenüber Geräuschpegeln und Lärm im Büroalltag und die aktuellen Trends in der Bürogestaltung machen die Akustik zum Topthema. Aus diesem Grund findet im November zum ersten Mal ein zweitägiges Symposium in Köln statt, das den Titel BÜRO.RAUM.AKUSTIK tragen wird. Angesprochen werden sollen nicht nur Architekten und Planer, sondern auch der Fachhandel, Facility Manager und schließlich auch die Anwender selbst.
Bei der Veranstaltung sollen Fragen erörtert werden bezüglich der Flexibilisierung von Tätigkeiten, des Wohlbefindens der Mitarbeiter in offenen Bürolandschaften und Gesundheit am Arbeitsplatz sowie der Reduktion von Pro-Kopf-Flächen in Büros und der Einzug von thermisch aktiven Bauteilen in Bürogebäude. Weitere Themen werden aber auch beispielsweise Phänomene und Werkzeuge der Akustik, die erfolgreiche Kommunikation im Büro oder die raumakustische Gestaltung sein. Als Vortragende sind renommierte Universitätsprofessoren, Experten und Arbeitswissenschaftler eingeladen, eine Podiumsdiskussion wird die Veranstaltung abschließen. Am Abend zwischen den beiden Symposiumstagen findet eine Abendveranstaltung statt, auf der man sich ungezwungen und im persönlichen Gespräch mit anderen Teilnehmern und Fachleuten austauschen kann. Nicht zuletzt noch die wichtige Information, dass die Architektenkammer Nordrhein-Westfalen das Symposium als Fortbildungsveranstaltung für ihre Mitglieder in den Fachrichtungen Architektur und Innenarchitektur anerkannt hat.
Das 1. Symposium BÜRO.RAUM.AKUSTIK findet am 12. und 13 November 2009 in Köln im Congress Center Nord statt, Anmeldung ist erforderlich, eine Teilnahmegebühr ist zu entrichten.

Koelnmesse GmbH
Messeplatz 1 | D-50679 Köln, Deutschland
Tel. + 49/221/821-0 | Fax + 49/221/821-2574
info@koelnmesse.de | www.koelnmesse.de

TARA ULTRA

DORNBRACHT

the SPIRIT *of* WATER

Die Serie TARA ULTRA ist eine Neuinterpretation der TARA CLASSIC für die Küche. Ihr eigenständiges Design verbindet eine schlanke Formensprache mit Funktionalität und Emotion. TARA ULTRA wurde von Sieger Design gestaltet.
Aloys F. Dornbracht GmbH & Co. KG, Köbbinger Mühle 6, D-58640 Iserlohn. Unsere Publikation *the* SPIRIT *of* WATER / kitchen erhalten Sie bei **Dornbracht Zentraleuropa GmbH**, IZ NÖ Süd, Straße 7, Objekt 58D Top 6, A-2355 Wiener Neudorf, Tel. +43 (0) 2236 677360, Fax +43 (0) 2236 677360 20, E-Mail austria@dornbracht.at, www.dornbracht.com

Fix und fertig

Ohne Ecken und Kanten – das ist der bevorzugte Trend bei den Wohneinrichtern. Auch bei Türen mit Beschlägen wird elegante Schlichtheit immer beliebter. In diese Kerbe schlägt nun auch das neue patentierte Beschlagssystem Planofix, das exklusiv bei JELD-WEN Door Solutions mit Österreichs bekanntester Türmarke DANA im Sortiment vertreten ist. Der außergewöhnliche Türdrücker ist in drei Ausführungen erhältlich – unversperrbar, mit Sperrolive auf der Türinnenseite sowie als Drücker mit PZ Schlüsselrosette – und kann in acht verschiedenen Designvarianten geliefert werden. Außerdem kann man hier vom zurzeit modernsten Schließsystem auf dem Markt sprechen: Im Verbund ist Planofix mit einem fast lautlos schließenden Magnetfallenschloss ausgestattet, bei dem die Falle bei geöffneter Tür im Schloss bleibt und erst zum Schließen wieder ausklappt.

Überzeugend ist, dass bei diesem neuen Produkt moderne Wohnoptik und ausgereifte Technik harmonisch miteinander verschmelzen. Das leichte Montage, die werkzeuglos vonstatten geht, und die einfache Demontage sind weitere Pluspunkte dieses raffinierten Systems. Das Türblatt ist mit speziellen Planofix-Fräsungen versehen, die bereits für die Montage vorbereitend im Werk vorproduziert werden. Daher sind bei der Drückermontage keine Bohrungen mehr notwendig. Die flächenbündigen, nur zwei Millimeter starken Rosetten werden mit zwei Rohr-Stift-Kombinationen am Türblatt positioniert und mit einer Schnell-Stiftverbindung aufgesteckt und einfach zusammengedrückt. Durch diese einzigartige Verbindung der Einzelteile werden Spiel und Toleranzen vermieden. Für den umgekehrten Vorgang wird ein Planofix-Demontageschlüssel mitgeliefert, der mit einer simplen 60-Grad-Drehung in der vorgesehenen Öffnung die Arretierung löst. Fertig.

Dana – Jeld-Wen Türen Gmb
Gleinkerau 70 | A-4582 Spital am Pyhrn
Tel. +43/4562/55 22-0 | Fax +43/7562/71 02
danaoffice@jeld-wen.biz | www.dana.at

Stoff der Zukunft

Mit seiner neuen Kollektion Silver & Steel reagiert der Schweizer Textilproduzent Création Baumann auf den anhaltenden Trend der Glasarchitektur im Bürobau. Die großzügigen Glasflächen haben zwar den großen Vorteil, viel Licht und Sonnenenergie in den Raum zu bringen, jedoch ist es für die Mitarbeiter manchmal ein wenig zuviel, sodass Schutz gesucht wird. Das Langenthaler Unternehmen hat sich dieses Themas angenommen und hat ein Produkt entwickelt, das optimalen Sicht-, Blend- und Sonnenschutz sowie Wärmeschutz anbieten kann, um das Raumklima besser regulieren zu können. Dafür wurde die bestehende, rückseitig mit Aluminium beschichtete Stoffkollektion Silver optimiert, wobei unter Beibehaltung einer gewissen Transparenz die Sonnenstrahlen zurück reflektiert werden. Das Ergebnis ist gedämpftes, angenehm empfundenes Licht ohne Blendung bei gleichzeitiger Reduktion der Wärmestrahlung. Silver wurde aber noch weiter verbessert durch die Aufbringung einer speziellen Schutzbeschichtung, die den Stoff gegenüber Wasserdampf, Schmutz und Wasserflecken resistent macht. Zur Auswahl stehen neutrale Farbtöne oder die neuen Dessins Shadow Flash mit Farbverläufen und Shadow Form mit kristallinen Formen.

Die Steel-Kollektion hingegen funktioniert mit einer dünnen Stahlschichte auf der Rückseite des Textils, die mit einem hochtechnischen Vakuumverfahren aufgebracht wird. Sie reflektiert gegenüber der Aluminiumbeschichtung aufgrund der dunkleren Farbe zwar weniger, ist dafür aber waschbar und ist wesentlich resistenter bei Knicken und Brüchen. Außerdem ist bei den drei Meter breiten Stoffbahnen eine noch größere Auswahl an Dessins verfügbar. Unter dem Strich ist mit beiden Kollektionen anhand ihrer Eigenschaften ein so hoher Funktionswert vorhanden, wie dieser mit konventionellen Textilien nicht erreicht werden kann. Das Wohlbefinden der Menschen am Arbeitsplatz oder auch im Privatbereich wird durch die herausragende Funktionalität potenziell gesteigert durch den Ausgleich von Licht und Temperatur, so dass sich die innovative Investition augenblicklich rechnen wird. Übrigens hat Création Baumann die Chance genutzt, im umworbenen New Yorker D&D Building freie Räumlichkeiten für einen neuen Showroom anzumieten, der jüngst im Juni 2009 eröffnet wurde.

Création Baumann, Weberei & Färberei AG
Bern-Zürich-Strasse 23 | CH-4901 Langenthal
Tel. +41/62/919 62 62 | Fax +41/62/922 45 47
mail@creationbaumann.com
www.creationbaumann.com

Repräsentanz Österreich:
Wohnkultur Leopold Inspirations
Agentur Eugen Leopold
Fiedlerstraße 2-4 | A-4040 Linz
Tel. +43/732/73 92 25 | Fax +43/732/73 92 25
office@leopold-agentur.at

Messehalle 11 für die Messe Frankfurt GmbH: 12 jeweils 78 m frei gespannte Fachwerkbinder mit zusätzlich 2 x 19,40 m Dachauskragung schaffen eine stützenfreie Ausstellungsfläche von mehr als 23.000 m².

WIEHAG GmbH · A-4950 Altheim
Linzer Str. 24 · Tel.: +43 (0)7723/465-0
office@wiehag.com · www.wiehag.com

SPREAD YOUR IDEAS

Showcase

Der Traum vom transparenten Schieben wird wahr: HAWA-Puro 100-150 bewegt Raumtrennwände mit verdeckter Aufhängung ohne sichtbare Beschlagteile.

interzum award: intelligent material & design 2009

Sichtbar unsichtbar

Mit dem „interzum award: intelligent material & design 2009", der dieses Jahr bereits zum fünften Mal von einer internationalen, renommierten Expertenjury verliehen wurde, wurde das innovative Unternehmen für Schiebebeschläge HAWA für ein System für Raumtrennwände mit verdeckter Aufhängung ausgezeichnet. HAWA-Puro 100-150 gewann die Auszeichnung für die hohe Produktqualität in der Kategorie Beschläge, Glas und Licht. Entwickelt für den Einsatz als Unterteilung von Räumen und zur repräsentativen, öffentlichen oder privaten Gestaltung verbindet das Schiebebeschlagssystem faszinierende Ästhetik mit hohem Komfort. Darüber hinaus bringt HAWA-Puro 100-150 die Transparenz und Eleganz von Glas perfekt zur Geltung. Laufschiene und Aufhängung sind zur Gänze in die Decke integriert, somit bleibt die gesamte Technik unsichtbar. Eine zum Patent angemeldete Keilaufhängung für schnelle Höheneinstellung und einfache Montage sind weitere wesentliche Vorzüge des Systems. HAWA-Puro 100-150 transportiert bis zu 150 Kilogramm schwere Ganzglastüren in eloxierten, schnörkellos kubistischen Laufschienen, die sowohl in Betondecken oder abgehängten Decken sowie bei aufgesetzten Deckenmontagen eingesetzt werden können. Das schwebende Gleiten funktioniert mit einer hochwertigen, auf lange Lebensdauer ausgelegten Kugellagertechnik auf ganz sanfte, leise Art und ohne großen Kraftaufwand. Durch die zweiteilige punktuelle, spielfreie Bodenführung können die Glasschiebetüren einfach eingehängt werden, bei Zugluft werden dadurch auch störende Geräusche vermieden. Die formschlüssige Verbindung von Glas und Beschlag garantiert hohe Gebrauchssicherheit und schließt ein Verrutschen der Gläser aus. Auch die Kombination mit Festteilen aus Glas oder Holz ist bei diesem System möglich. Kein Wunder also, dass dieses Produkt für Innovationsgrad, Funktionalität, Materialqualität, Formgebung und auch für Nachhaltigkeit prämiert wurde.

Hawa AG - Schiebebeschlagsysteme
Untere Fischbachstraße 4
CH-8932 Mettmenstetten
Tel. +41/44/767 91 91 | Fax +41/44/767 9178
info@hawa.ch | www.hawa.ch

Keine Krise

Der Weltwirtschaft mag es global gesehen im Moment nicht gut gehen, doch nicht jeder ist gleich stark davon betroffen. Schließlich kommt es darauf an, was man aus einer Krise macht oder wie innovativ man ist. Noch vor vier Monaten rechnete der Bereichsleiter Baumessen der Messe Bologna, Ing. Marino Capelli, mit einem Rückgang der Ausstellerzahlen auf der SAIE – eine allgemeine Bau- und Baumaschinenmesse - um etwa zehn Prozent. Tatsächlich musste man im Vergleichszeitraum zum Vorjahr einen Anmeldestatus von 80 Prozent zur Kenntnis nehmen. Doch man versuchte kreativ zu sein, um Ausstellern die Teilnahme zu erleichtern und startete zahlreiche Initiativen, um die Zahl der Anmeldungen doch noch anzukurbeln. Zusätzliche Serviceleistungen und verstärkte Besucherbewerbung wurden angeboten, die Messe sollte für Fachbesucher noch interessanter gestaltet werden. Das wird nun mit einem umfangreichen Begleitprogramm erfolgen, das die SAIE zu einem effektiven Treffpunkt für den Bausektor machen soll und einen Informationsvorsprung anbieten kann. Mit der intensiven Einbindung der italienischen Außenhandelskammern werden nun verschiedene Veranstaltungen organisiert, wie zum Beispiel diverse B2B Meetings im Rahmen der SAIEEnergia für deutsche und italienische Unternehmen.
Im Mittelpunkt der diesjährigen Messe stehen unter anderem erdbebensichere Technologien sowie zu energieeffizientes Bauen. Weitere Themen beschäftigen sich mit Holz am Bau (SAIELegno), Bausoftware (SAIEBit), Dachziegelindustrie (LATERSAIE) und turnusgemäß heuer wieder Stahlbeton (SAIE-Concrete), aber auch Gerüstbau, Verschalungen und Kanalisation respektive Wasserbehandlung. So wie letztes Jahr wird die Messe auf insgesamt vier Ausstellungstage reduziert, um Kosten einzusparen. Dafür können sich ausländische Besucher über kostenlosen Eintritt freuen.

SAIE BolognaFiere
Viale della Fiera 20 | I-40128 Bologna
Tel. +39/051/28 21 11 | Fax +39/051/63 74 013
saie@bolognafiere.it | www.saie.bolognafiere.it

Einfach Zwölf

Der junge italienische Kreative Carlo Colombo zählt zu den viel beschäftigtsten Designern der Gegenwart. 1968 in Carimate geboren, absolvierte er sein Architekturstudium am Polytechnikum in Mailand und begann im selben Jahr – 1993 – sofort als Designer und Konsulent für die Industrie zu arbeiten, zwei Jahre später widmete er sich auch Restrukturierungs- und privaten Projekten. Kurz darauf hält er an seiner Stammuniversität selbst Vorlesungen über Verpackungsdesign und wird Assistent am Institut für Einrichtung. Zu seinen Arbeiten neben seiner Lehrtätigkeit und seinen Vorträgen rund um den Globus zählen auch zahlreiche Architekturprojekte wie Büros, Privathäuser, Restaurants und Schauräume zwischen Lugano und Tokyo.

In Anbetracht dieser unglaublichen Schaffenskraft engagierte auch der renommierte italienische Küchenhersteller Varenna, ein Tochterunternehmen des bekannten Polstermöbelherstellers Poliform, den jungen Designer für den Entwurf einer neuen Küche, die den einfachen Namen „Twelve" trägt. Dieser Titel basiert auf der grazilen Ausführung aller horizontalen Elemente in einer Dicke von nur zwölf Millimetern, deren Leichtigkeit dem Modell eine einzigartige Ästhetik verleiht. Die geometrischen Formen und das puristische, großzügige Konzept werden von den Charaktereigenschaften der verschiedenen Materialien wie Edelstahl und Glas oder auch Spessart Oak unterstrichen. Besonders prägnant ist auch der absolute Verzicht auf Beschläge. Wie bei allen Modellen von Varenna steht auch hier die Option im Vordergrund, die Küche mit Variantenreichtum maximal zu personalisieren, konfigurierbar für jede Art von Lebensstil.

Poliform
Via Montesanto, 28 | I-22044 Inverigo (CO)
Tel. +39/031/6951 | Fax +39/031/699 444
info.poliform@poliform.it | www.poliform.it

Markus Kilga Möbelagentur
Seilergasse 15 | A-6020 Innsbruck
Tel. +43/512/57 61 83 | Fax +43/512/58 22 21
moebelagentur@kilga.at | www.kilga.at

POLIFORM VARENNA
Franz-Josefs-Kai 47 | A-1010 Wien
Tel. +43/1/533 56 00 | Fax +43/1/533 56 00-4
info@poliform-wien.at | www.poliform-wien.at

Es grünt so grün

Malerin und Architektin Nora Stalzer und Landschaftsarchitekt Clemens Lutz haben sich einen gemeinsamen Traum erfüllt und in Weidling bei Wien das verdarium ins Leben gerufen. Dort eröffnet sich eine Welt zum Fühlen, Sehen und Erleben, in die man sich hoffnungslos verlieben kann, in dem man sich einfach der Kunst der Gartenwelt hingibt. Geplant war das verdarium ursprünglich als Versuchsgarten des eigenen Planungsbüros Stalzer Lutz Gärten. „Die Sehnsucht nach qualitativ hochwertigen Materialien und die Vorliebe für ästhetisch anspruchsvolle Formen ließ uns einen Ort schaffen, der alles in sich vereint", sagt das ambitionierte Paar, das haptische und olfaktorische wie klangliche Strukturen in sein grünes Gesamtkunstwerk geschickt zu verbinden weiß. Gezeigt werden auf den insgesamt 3.000 Quadratmetern neben einer großen Vielfalt an Pflanzen auch jene Dinge, die Garten und Terrasse das gewisse Etwas verleihen und ihn bewohnbar machen. Im Oktober präsentieren die beiden im verdarium eine zwei Wochen lang andauernde Sonderschau mit der außergewöhnlichen Möbel- und Accessoirekollektion des italienischen Labels Paola Lenti, eine Designerin, die mit raffinierten Farben, hochwertigen Materialien und schlichten Formen nicht nur bei ihren Teppichen und Polstermöbeln, sondern eben auch bei ihren Kreationen für den Outdoorbereich begeistert. Die Designerin sagt selbst: „Mein Stil soll die Menschen nicht erschlagen, sondern freundlich dazu einladen sich wohl zu fühlen." Na, wenn das keine charmante Einladung für einen Besuch ist? Zu sehen gibt es übrigens noch weitere ausgewählte Produkte des italienischen Herstellers Emu sowie von Viteo Outdoors aus der Steiermark.

VERDARIUM GmbH
Hauptstraße 286 | A- 3411 Weidling
Tel. +43/22 43/22 893 | Fax +43/22 43/34 712
info@verdarium.at | www.verdarium.at

48 Showcase

Beim Power Tower der Energie AG wurden 700 LED-Lichtleisten in die Thermofassade integriert.

LED-Leuchten an der Ober- und Unterkante beleuchten die gesamte Fassade des max.center in Wels

Fassade des Linzer Ars Electronica Centers als Gestaltungs- und Interaktionselement.

Repräsentative Verschmelzung

Wenn Architektur und Licht sich zu einer untrennbaren Einheit verbinden, dann ist eine der größten architektonischen Herausforderungen gelungen. Lichtfassaden liegen voll im Trend und erlauben einem Gebäude eine entsprechende Interaktionsmöglichkeit mit dem Betrachter. Wie etwa das Linzer Ars Electronica Center, das nicht nur durch seine außergewöhnliche Gebäudeform in seinen Bann zieht, sondern vor allem durch seine leuchtende Fassade als Gestaltungselement seine herausragende Wirkung zum Ausdruck bringt. Gleichzeitig fungiert die Lichtfassade als Bühne für internationale Künstler. Markus Schernhuber, Geschäftsführer der Multivision Anzeigensysteme GmbH meint dazu: „Aus Erfahrung gelingt es am besten, wenn das Thema Licht bereits frühzeitig im Kreativprozess angedacht wird. Beim Projekt Ars Electronica Center wurde zum Beispiel die ursprünglich geplante Beleuchtung mit Leuchtstoffröhren verworfen und stattdessen der Vorschlag einer vollfarbigen und energieeffizienten LED-Fassade realisiert."

Multivision arbeitet mit eigenen Entwicklungen auf der Basis von modernster LED-Technologie. Damit sind nicht nur die Möglichkeiten beinahe unbegrenzt, sondern das gesamte Spektrum – von spezifisch beleuchteten Gebäudeteilen bis zu komplett illuminierten Gebäudehüllen – wird auch leistbar. Dazu gehört aber auch unbedingt, dass die Technik für den Betrachter möglichst unsichtbar bleibt. Zur Lösung dieses Anspruchs gibt es zwei Möglichkeiten: Entweder wird vor eine Thermofassade eine zusätzliche Glasfassade gesetzt, um die Lichttechnik im Zwischenraum anbringen zu können – so geschehen beim Ars Electronica Center in Linz und dem max.center in Wels-, oder man baut die Leuchtmittel direkt in der Thermofassade ein, wie es bei der 18-stöckigen Konzernzentrale der Energie AG durchgeführt wurde. Die rasante Entwicklung auf dem LED-Sektor lässt den Architekten und Lichtplaner jedenfalls immer größeren Spielraum bei der Gestaltung. Jedoch muss bei aller Freiheit eines immer beachtet werden: Das Erscheinungsbild der Fassade bei Tageslicht. Dies gibt Lichtplaner Schernhuber zu bedenken.

Multivision Anzeigesysteme GesmbH
Lederstraße 3 | A-4614 Marchtrenk
Tel. +43/72 42/210 440 | Fax +43/72 42/210 440-10
office@multi-vision.at | www.multi-vision.at
www.ledfassaden.at

Wien ist Design

Anfang Oktober ist es wieder soweit: Österreichs Bundeshauptstadt verwandelt sich für elf Tage in den Designnabel der Welt. Die Vienna Design Week lädt alle Designfreunde bereits zum dritten Mal ein, Gestaltung auf höchstem Niveau bei dem einen oder anderen Streifzug durch die Stadt hautnah zu erleben. Dieses Jahr hat sich die Neigungsgruppe Design – Lilli Hollein, Thomas Geisler und Tulga Beyerle – neue Formate für das erfolgreiche Festival einfallen lassen. So wird es ein interessantes Portfolio bestehend aus Talks, Präsentationen und Ausstellungen geben. Neu ist beispielsweise das „VDW Labor" im project space der KUNSTHALLE am Karlsplatz, das jungen Produkt-, Industrie- und Grafikdesignern als prominente Plattform zur Verfügung steht, um dort in einer offenen Ateliersituation ihre individuellen Arbeitsprozesse und Zugangsweisen zu präsentieren. Außerdem wird dieser Ort gleichzeitig als Festivalzentrale mit allen Informationen und für regen Austausch fungieren.

Beim „VDW Debüt" dürfen zehn ausgewählte Designstudenten und absolventen im Stuwerviertel ihre Arbeiten zeigen. Unterstützt wird dieses Projekt von der James Dyson Foundation und vom James Dyson Award, für den die Arbeiten auch eingereicht wurden. Diese ist eine von insgesamt zehn Stationen der Passionswege durch den ersten und zweiten Wiener Bezirk. Unter dem Titel „Kunst oder Handwerk" werden nachmittägliche „VDW Talks" gestartet, zu denen auch prominente Gäste aus der nationalen und internationalen Design- und Einrichtungsszene eingeladen sind. Und schließlich werden im Rahmen der „VDW Carte Blanche" fünf ambitionierte Projekte gewürdigt, die abseits kommerzieller Zielsetzungen die Kraft von Design zum Ausdruck bringen. Diese Aktion wird vom forum mozartplatz – raum für wirtschaft und kultur unterstützt. Man darf sich also auf eine dicht gefüllte, facettenreiche Design-Woche freuen.

Die Vienna Design Week findet vom 1. bis zum 11. Oktober 2009 statt.

office@neigungsgruppe-design.org
www.neigungsgruppe-design.org
www.viennadesignweek.at

Otis REM überwacht den Aufzug rund um die Uhr.

Aufzug aufpoliert

Mit der Modernisierung veralteter Aufzugsanlagen sollte man nicht zu lange warten. Nicht nur, weil die Sicherheit der Fahrgäste nicht mehr gewährleistet werden kann, sondern auch, weil eine Rundumerneuerung eine klare Aufwertung der Immobilie bedeutet. Das Aufzugs- und Fahrtreppenunternehmen Otis Österreich hat für jedes Sicherheitsproblem die passende Lösung entwickelt und kann auf die unterschiedlichen Aufzugsgesetze in jedem Bundesland perfekt reagieren. Die jüngsten Innovationen aus dem Hause Otis sind GeN2 Mod, mit dem die Vorzüge der bahnbrechenden GeN2 Gurt-Technologie nun auch für Modernisierungen eingesetzt werden kann, sowie die neue, platzoptimierte Slim Comfort Tür, die Schacht- und Kabinentür in einem ist und lediglich 115 Millimeter Tiefe benötigt. Die großen Vorteile der beiden neuen Produkte sind schnell erklärt: Beim Einbau von GeN2 werden verschleißarme, umweltfreundliche Tragemittel, kleine energieeffiziente Motoren und neue Antriebssysteme eingesetzt. Bei der sich automatisch öffnenden Slim Comfort Tür, die innerhalb einer Woche eingebaut werden kann, fallen beim Umbau keinerlei Stemm- und Putzarbeiten mehr an. Auch das Ein- und Aussteigen mit Rollstuhl und Kinderwagen wird erheblich erleichtert. Eine Nachrüstung zahlt sich auch hinsichtlich der Betriebskosten aus, denn mit dem Otis Notruf- und Fernüberwachungssystem REM, das die Funktion der Aufzugskomponenten rund um die Uhr überwacht, können Kosten gespart werden und Störungen vorgebeugt werden. So erspart man sich eine zusätzliche Sicherheitskontrolle bei alten Aufzügen, die nicht mehr den Sicherheitsstandards entsprechen.

Otis Austria GesmbH
Oberlaaer Straße 282 | A-1230 Wien
Tel. +43/1/610 05-0 | Fax +43/1/610 05-450
austria@otis.com | www.otis.com

Treffpunkt grüne Zukunft

Sie ist aus der modernen Städtearchitektur nicht mehr wegzudenken: Die Dachbegrünung. Zu diesem Schluss kam man beim zweiten Internationalen Gründach Kongress mit dem Titel „Bringing Nature back to Town", der im Mai 2009 stattfand. Dort trafen sich Gründach-Fachleute zum intensiven Erfahrungsaustausch. An dem von der International Green Roof Association (IGRA) und dem Deutschen Dachgärtner Verband (DDV) veranstalteten Kongress haben knapp 300 Personen aus 40 Ländern aller fünf Kontinente teilgenommen. Das eindeutige Résumée: Deutschland ist zwar immer noch das Land mit den meisten begrünten Dachflächen, jedoch innovative, spektakuläre Anwendungsbeispiele finden sich verstärkt im Ausland. Der deutsche Begrünungsmarkt sieht das als Chance für neue Impulse. Es wurden zahlreiche herausragende internationale Projekten vorgestellt – darunter die Mountain Dwellings in Kopenhagen von der Bjarke Ingels Group oder New Providence Wharf in London von Skidmore, Owings & Merill – die die großartige Nutzung der „fünften Fassade" anschaulich untermauerten.

Mit dem IGRA-Award in der Kategorie „Architektur/Gebäude" wurde diesmal die Jurong Town Corporation (JTC) aus Singapur für das Projekt „Fusionopolis" ausgezeichnet, ebenso wie das Rastatter Architekturbüro Donnig + Unterstab für das im Passivhaus-Standard errichtete „Schulzentrum Neckargemünd" mit wärmedämmender Dachbegrünung inklusive Photovoltaik-Anlage. Der IGRA-Award in der Kategorie „Kommunen" ging an die Städte Kopenhagen und Düsseldorf für deren vorbildhaftes Engagement zur Förderung begrünter Dächer. Nachhaltige Stadtentwicklung bekommt immer mehr an Bedeutung und erfordert technische, ökologische und ästhetische Qualität. Mit ihr stellt man die Weichen für die Zukunftsfähigkeit der Gesellschaft. Nach dem großen Erfolg des Kongresses, zu dessen Hauptsponsor sich die ZinCo GmbH bereit erklärt hatte, scheint es, dieser „grünen" Zukunft einen großen Schritt näher gekommen zu sein.

IGRA International Green Roof Congress
Postfach 2025 | D-72610 Nürtingen
Tel. +49/70 24/96 87 95 96
info@igra-world.com | www.greenroofworld.com

ZinCo GmbH
Grabenstraße 33 | D-726690 Untersingen
Tel. +49/70 22/60 03-0 | Fax +49/70 22/60 03-300
contact@zinco.de | www.zinco.de

ACROS Fukuoka vom amerikanischen Architekten Emilio Ambasz

Foto Hiromi Watanabe

MEHR RAUMFREIHEIT DURCH MAXIMALE ÖFFNUNGSWEITEN.

Mit den Glas-Faltwänden von Solarlux realisieren Sie individuelle, lichtdurchflutete Lebensräume.

SOLARLUX Aluminium Systeme GmbH | Fon +49 5402 400 0 | www.solarlux.de

SOLARLUX®
Glas in Bewegung

Showcase

Cecilie Manz konzipierte Essay für Fritz Hansen

Für's Leben

Back-to-basics-Einfachheit und besondere Nachhaltigkeit in Sachen Material und Ästhetik sowie Qualität, Ehrlichkeit und ein gut durchdachtes Design ohne Schnickschnack – mit diesen hervorragenden Zutaten ist der dänischen Designerin Cecilie Manz der Entwurf zu einem neuen Tisch für Fritz Hansen gelungen, der auf den Namen Essay getauft wurde. Stabil anmutend, jedoch von verblüffender Leichtigkeit präsentiert sich er sich in Eiche, Esche, schwarz gefärbter Esche oder Walnuss mit dazu passenden Tischbeinen aus denselben Holzarten oder wahlweise in hochglanzlackiertem Massivholz in Weiß, Schwarz oder Sand. In der Gestaltung kann man die Philosophie der kreativ denkenden Designerin ablesen, die niemals den Bezug zur Bedeutung eines Materials und zur Zweckmäßigkeit eines Möbels verliert. Einfache Linien und die schlichte Form vermitteln in Kombination mit den warmen Holztönen eine gewisse Freundlichkeit und ein heimeliges Flair. Damit bekommt der Tisch, der langlebig, praktisch und großzügig zugleich sein soll, einen emotionalen Wert, der ihn sozusagen zum echten „Familienmitglied" aufsteigen lässt. Als prominente Begleitung zu Essay zeigt Fritz Hansen Arne Jacobsens berühmten Stapelstuhl Series 7™, der nun in sieben neuen Farben von sieben jungen, aufstrebenden Entwerfern gestaltet wurde. Maarten Baas, Arik Levy, Fabio Novembre, Jaime Hayon, Sebastian Bergne, Nendo und Autoban tauchten den Stuhlklassiker in Aufsehen erregende Farben, deren Spektrum von dramatischem Neon-Pink bis zu staubigem, diskretem, niveauvollem Olive reicht. Die zeitgemäße Interpretation von 7™ gibt dem neuen Tisch Essay in der direkten Gegenüberstellung eine besondere Note, wenngleich beide Objekte einzeln ebenfalls allerbeste Figur machen.

Fritz Hansen A/S
Allerødvej 8 | DK-3450 Allerød
Tel. +45/48/17 23 00 | Fax +45/48/17 19 48
www.fritzhansen.com

Fritz Hansen Deutschland
Alte Mälzerei | Speditionstr. 7a
D-40221 Düsseldorf
Tel. +49/211/586 709-0 | Fax +49/211/586 709-1
ago@fritzhansen.com | www.fritzhansen.com

Architektur ohne Grenzen

Einreichphase

1993 wurde er das erste Mal vergeben, 2009 ist es bereits das siebte Mal: DOMICO, österreichischer Spezialist für Dach-, Wand- und Fassadensysteme, schreibt einen Wettbewerb aus, der Architektur- und Planungsbüros einlädt mitzumachen. Der DOMICO Baupreis ist mit insgesamt 20.000 Euro dotiert, einreichen kann man Bauten und Projekte, die zwischen dem 1. Januar 2008 und dem 30. November 2009 ausgeführt wurden oder noch werden, wenn sie sich gerade in der Realisierungsphase befinden, und vorwiegend mit DOMICO Produkten an Dach, Wand und Fassade ausgestattet sind.

Innovative Architektur zu fördern und ökonomisches Bauen zu forcieren sind die Hauptanliegen des Unternehmens, das mit den Architekten und Planern den Ideenaustausch fortsetzen und intensivieren will. Dabei geht es darum, die breit gefächerten Anwendungsgebiete der Produkte aufzuzeigen und deren kreativen Einsatz im Dach-, Wand- und Fassadenbereich zu fördern. Die Entwicklung erfolgreicher, intelligenter und handwerksgerechter Erzeugnisse basiert auf einer mehr als dreißigjährigen Erfahrung und auf der intensiven Zusammenarbeit mit der planenden Zunft. Auch auf dem Gebiet des Hallenbaus mit großflächigen Elementen hat sich DOMICO bereits bestens etabliert und beweist mit der Entwicklung der Element-Halle, dass in diesem Unternehmen perfekte Pionierarbeit geleistet wird und, dass die heute im Bauwesen notwendige Effizienz in Hinblick auf Kosten- und Zeitersparnis nichts mit Abstrichen in der Qualität zu tun haben muss.

Die Einreichfrist für den DOMICO Baupreis endet am 7. Dezember 2009. Ausführliche Informationen dazu findet man auf der Homepage www.domico.at. Das Originalblatt für die Einreichung kann aber auch unter e.brandstötter@domico.at angefordert werden.

DOMICO Dach-, Wand- & Fassadensysteme GmbH & Co KG
Salzburgerstraße 10 | A-4870 Vöcklamarkt
Tel. +43/76 82/26 71-0 | Fax +43/76 82/26 71-249
office@domico.at | www.domico.at

Landeskrankenhaus Knittelfeld – eines der prämierten Objekte des letzten DOMICO Baupreises.

Der Metallbau macht's möglich.

Lichtdurchflutet Bauen dank perfekter Metallbautechnik. Von der präzisen Planung bis zur erstklassigen Ausführung. Dafür steht ALU-FENSTER: Im Zeichen der Qualität.

www.alufenster.at

Unschlagbares Team

Wer die Kollektion des noblen italienischen Polstermöbelherstellers Minotti schätzt, erklärt sich automatisch zum Fan von Designer Rodolfo Dordoni, der für die Entwurfslinie der Marke verantwortlich ist. Seit mehr als einem Jahrzehnt ist Dordoni mit an Bord des Familienunternehmens, und der Erfolg spricht für seinen unverwechselbaren Geschmack und sein Engagement. Sein Lebenslauf beweist, dass man es hier mit einem richtig versierten Allrounder zu tun hat, der neben seiner Tätigkeit als Designer auch als Architekt sehr gefragt ist.

Für Minotti durfte er auch dieses Jahr wieder einige Neuheiten präsentieren wie etwa das Sitzprogramm Williams, das nicht nur optisch schon jetzt ein Klassiker ist, sondern auch mit einer technischen Innovation ausgestattet ist. Die Polsterung ist nämlich aus einem sofort reagierenden, selbst modellierenden, thermosensitiven Polyurethanschaum gefertigt, der eine optimale Gewichtsverteilung ermöglicht. Durch die verschiedenen Versionen im Standardformat, als Quadrat oder als Mischung aus den beiden können unter-

schiedlichste Kombinationen erzeugt werden, die auf die diversen Bedürfnisse von Komfort und Gastfreundlichkeit reagieren können. Optimale Begleitung ist die raffinierte Williams Console, die mit edlen Materialien – zehn Millimeter starkes vorgespanntes Glas oder MDF in den Farbtönen Bronze oder Kaffeebraun mit kratzresistenter Oberfläche – ausgestattet ist und mit zur jeweiligen Situation passenden Abmessungen die perfekte Ergänzung darstellt.

Minotti
Via Indipendenza 152 | I-20036 Meda
Tel. +39/0362/34 34 99 | Fax +39/0362/34 03 19
info@minotti.it | www.minotti.it

Kilga Möbel-Agentur
Seilergasse 15 | A-6020 Innsbruck
Tel. +43/512/58 07 18 | Fax +43/512/58 22 21
moebelagentur@kilga.at
www.kilgamoebelagentur.at

Minotti Flagshipstore Wien
Parkring 20 | A-1010 Wien
info@minotti-wien.at | www.minotti-wien.at

Rundes Jubiläum

Die GEZE Austria GmbH feiert 2009 die erste Dekade ihres Bestehens. Seit 1999 ist das Unternehmen mit Sitz im Salzburger Hallwang eigenständige Tochtergesellschaft der internationalen GEZE Gruppe, die im süddeutschen Leonberg bei Stuttgart beheimatet ist. Schon bald nach dem Start in die Selbstständigkeit konnte sich die GEZE Austria GmbH als Marktführer in der Tür-, Fenster- und Sicherheitstechnik in Österreich etablieren und beschäftigt heute über sechzig Mitarbeiter.
Die Stärken des Unternehmens liegen in der Innovationskraft und der technologischen Kompetenz. Im Mittelpunkt steht die Produktion mit zukunftsweisenden Standards, maßgeschneiderte Lösungen und natürlich die Nähe zu den Kunden. Das Firmenkonzept trägt dementsprechend auch große Früchte: Auf der diesjährigen Bau in München wurde die unglaubliche Anzahl von 23 Produktinnovationen präsentiert, im Juni 2009 wurde das Unternehmen mit dem renommierten Innovationspreis „TOP 100" für herausragendes Innovationsmanagement ausgezeichnet. Mit diesen Erfolgen, die auf intensiven Forschungs- und Entwicklungsprojekten, einer hochmodernen Fertigung, fortlaufender Optimierung von Prozessen und dem Ausbau eines weltweiten Vertriebs-, Service- und Beratungsnetzes basieren, blickt man der Zukunft sehr positiv entgegen. Aus einer Hand gefertigte, aufeinander abgestimmte Produktlösungen für maximale architektonische Gestaltungsfreiheit, deren Designsprache sich in einem Objekt – egal ob im öffentlichen oder privaten Bereich - einheitlich über alle Baureihen hinweg einsetzen lässt, werden schließlich immer gefragt sein.

GEZE Austria GmbH
Mayrwiesenstraße 12 | A-5300 Hallwang
Tel. +43/662/66 31 42 | Fax +43/662/66 31 42-15
austria.at@geze.com | www.geze.at

Sie treten ein und sind immer noch draussen.

Sky-Frame steht für grossflächige, rahmenlose Schiebefenster mit hohem ästhetischem Anspruch. Sky-Frame zeichnet sich aus durch schwellenlose Übergänge, optimale Wärmedämmung und erfüllt höchste Sicherheitsstandards. Die einzigartigen Sky-Frame-Systeme gehen zusammen mit umfassenden Serviceleistungen von der Planung bis zum Bau. Erfahren Sie mehr dazu unter www.sky-frame.ch

SKY-FRAME
Isolierte Schiebefenster ohne Rahmen | Swiss Made

Sky-Frame | R&G Metallbau AG. CH-8548 Ellikon a. d. Thur. T +41 (0) 52 369 02 30

Absolute Freiheit

Der dänische Armaturenhersteller VOLA ist bekannt für seine besondere Affinität und Treue zum Designerbe Arne Jacobsens, der 1968 meisterliche Stücke für das Unternehmen entwarf. Ohne jedoch diese gestalterische Kontinuität zu verlassen, beschreitet VOLA nun neue Wege im Sinne der Innovation und Veränderung. Ab sofort gibt es mit intensivem Fokus auf die moderne Badgestaltung, die den Bedürfnissen in Hinblick auf Ästhetik, Wellness und Individualität gerecht werden muss, freistehende Armaturen im Sortiment, die unter anderem auch auf die Badezimmerarchitektur des 21. Jahrhunderts reagiert. Immer öfter werden freistehende Badewannen gewünscht, die eine entsprechende Armatur erfordern. Bereits 2007 wurde die Armatur FS1 vorgestellt, die mit dem Good Design Award 2007 des Chicagoer Athenaeum Museum of Design and Architecture ausgezeichnet wurde und dieses Jahr nun für den Designpreis der Bundesrepublik Deutschland nominiert wurde.

Doch diese war erst der Beginn einer erfolgreichen Serie, die jetzt mit den neuen Modellen – nämlich der freistehenden Waschtischarmatur FS2 und der freistehenden Duscharmatur FS3 – erweitert wurde. FS2 strahlt mit ihrer schlanken Silhouette durch den hohen, filigranen Auslauf elegante Großzügigkeit aus und betont die Schönheit des Waschtisches durch ihre zurückhaltende Präsenz. FS3 hingegen wirkt skulpturhaft und prägnant und fasziniert mit ihrer modernen, geometrischen Gestalt. Ihr Wasserstrahl gleicht einem natürlichen Regenguss, bei dem man Wassermenge und -temperatur jedoch leicht verändern kann. Für das Design der drei Modelle – allesamt in Chrom, Chrom matt oder gebürstetem Edelstahl erhältlich – zeichnet das dänische Büro Aarhus Arkitekterne A/S verantwortlich.

Vola GmbH
Kandlgasse 19 | A-1070 Wien
Tel. +43/1/523 39 71-0 | Fax. +43/1/526 39 71-20
sales@vola.at | www.vola.at

Nachvollziehbar wertvoll

Der Begriff Nachhaltigkeit erfährt im Zuge der Wirtschaftskrise immer mehr Aufmerksamkeit. Ein guter Grund für die Österreichische Zementindustrie mit ihrem neu erschienenen Sustainability Report 2008/2009 – übrigens schon der dritte – an die Öffentlichkeit zu gehen. Europaweit gesehen übernehmen die an zwölf verschiedenen Standorten vertretenen heimischen Zementunternehmen eine Vorreiterrolle in Sachen Energie- und Ressourceneffizienz wie auch beim Klima- und Umweltschutz, denn in den letzten Jahren gelang bei den Emissionen eine kontinuierliche, beachtliche Reduktion der Schadstoffe. Diese und der Rückgang von Energieverbrauch stehen im Mittelpunkt der Forschungsprojekte der österreichischen Zementindustrie, deren Vertretung die Vereinigung der Österreichischen Zementindustrie – kurz VÖZ - ist. Deren Geschäftsführer DI Felix Friembichler setzt sich unermüdlich dafür ein, die Bemühungen, Leistungen und Produktinnovationen der Branche, besonders auch in Hinblick auf die Erreichung umweltpolitischer Ziele, publik zu machen: „Für die Zementindustrie umfasst Nachhaltigkeit über die Bereiche Ökonomie und Ökologie hinaus auch den partnerschaftlichen Umgang und offenen Dialog mit Mitarbeitern, Lieferanten und Anrainern. Es geht uns um fairen Wettbewerb anstatt rücksichtslosem Konkurrenzdenken."

Erklärtes Ziel ist es, den CO_2-Ausstoss bei der Zementherstellung um etwa zehn Prozent zu verringern. Dazu läuft aktuell ein Projekt mit der Suche nach einer Zementzusammensetzung, bei deren Herstellung weniger CO_2 anfällt bei gleichzeitiger Einhaltung aller mörteltechnischer und Beständigkeitsanforderungen. Dass Bauen mit Beton ökologisch, wirtschaftlich und nachhaltig ist, liegt klar auf der Hand, denn Beton wird im Zuge der Konzentration auf den Klimaschutz verstärkt als Speichermasse für Kühlung und Beheizung von Gebäuden genutzt. Außerdem können Bauteile aus hochfestem Beton mit geringeren Querschnittabmessungen ausgeführt werden, was wiederum die Ressourcen schont. Diese positive Entwicklung bezüglich Ökologie und nachhaltigem Wirtschaften soll nun mit dem neuen Nachhaltigkeitsbericht der VÖZ noch stärker im Bewusstsein verankert werden.

Vereinigung der Österreichischen Zementindustrie
Reisnerstraße 53 | A-1030 Wien
Tel. +43/1/714 66 85-0 | Fax +43/1/714 66 85-26
zement@zement-beton.co.at | www.zement.at
www.betonmarketing.at

Hoesch
Additiv Decke®
Die patentierte Innovation für den Parkhaus- und Geschoßbau

Wir denken Stahl weiter

Günstiger Systempreis, kurze Bauzeit.
Die schnelle Decke für große Spannweiten

- 40% Material- und Gewichtsersparnis
- schnelle, kranunabhängige Montage
- Betonieren ohne Montageunterstützung
- gleichzeitig Schalung, Bewehrung und fertige Sichtdecke
- stützenfreie Stellplätze
- Brandschutz bis F90
- Geringe Systemhöhen

Ihr erster Ansprechpartner für Dach, Wand, Decke und Kühlraum.

Hoesch Bausysteme
Ein Unternehmen von ThyssenKrupp Steel

www.hoesch.at   ThyssenKrupp

Entlastung für Familien mit Kindern: Kinderbetreuungskosten steuerlich begünstigt

Schon lange gefordert – aber nie umgesetzt: Kinderbetreuungskosten wurden bisher nicht als Steuerabzugsposten anerkannt und durften bis 2009 nur in Ausnahmefällen steuerlich berücksichtigt werden. Dies hat sich im Rahmen der Steuerreform geändert. Seit 2009 können Kinderbetreuungskosten als außergewöhnliche Belastung abgesetzt werden. Außerdem hat der Arbeitgeber die Möglichkeit, seinen Arbeitnehmern einen steuerfreien Zuschuss für die Kinderbetreuungskosten auszubezahlen.

1. Kinderbetreuungskosten als außergewöhnliche Belastung absetzbar

Rückwirkend mit Jahresbeginn können Sie Kinderbetreuungskosten bis zu € 2.300 pro Jahr und Kind bis zum 10. Lebensjahr steuerlich absetzen. Diese Begünstigung kann wahlweise von einem Elternteil oder aufgeteilt in Anspruch genommen werden. Voraussetzung für die steuerliche Absetzbarkeit ist, dass Sie die Dienste einer Kinderbetreuungseinrichtung oder einer „pädagogisch qualifizierten Betreuungsperson" in Anspruch nehmen.

Kinderbetreuungseinrichtungen

Erstmals mit der Veranlagung 2009 können Sie die Kosten für die Betreuung in institutionellen Kinderbetreuungseinrichtungen steuerlich geltend machen. Darunter fallen etwa Kinderkrippen, Kindergärten, Spielgruppen, Horte, etc.

Pädagogisch qualifizierte Personen

Die Betreuung durch Pädagogen, Au-Pair-Mädchen, Babysitter, Tagesmütter, etc. ist dann steuerlich absetzbar, wenn diese eine Kinderbetreuungsausbildung im Mindestmaß von acht Stunden vorweisen können. Hierbei reicht die Bandbreite von Hochschulstudien, Tagesmütter-Lehrgängen bis hin zu Babysitterkursen. Eine Liste jener Kurse, die die notwendigen Voraussetzungen erfüllen, ist auf der Homepage des Bundesministeriums für Wirtschaft, Familie und Jugend (www.bmwfj.gv.at) abrufbar.

Selbst Großeltern werden absetzbar

Nach dem neuen Modell können Sie sogar die Betreuung durch die eigene Großmutter steuerlich geltend machen. Voraussetzung dafür ist allerdings, dass sie nicht im gemeinsamen Haushalt mit Eltern und Kind wohnt, dass sie die oben beschriebene Ausbildung vorweisen kann und dass sie eine Honorarnote legt.

Achtung!

Abzugsfähig sind Abzugsfähig sind nur die unmittelbaren Kosten für die Kinderbetreuung. Verpflegungskosten, Schulgeld für Privatschulen, Fahrtkosten zur Kinderbetreuung, etc. sind steuerlich nicht absetzbar. Bei Einrichtungen wie Kindergärten oder Schulen müssen daher die Betreuungskosten auf der Rechnung gesondert ausgewiesen werden.

2. Steuerfreie Arbeitgeberzuschüsse zur Kinderbetreuung

Arbeitgeber können Zuschüsse für die Betreuung von Kindern bis zu € 500 pro Kind und Jahr steuerfrei an Ihre Arbeitnehmer ausbezahlen. Dieser Zuschuss ist nicht sozialversicherungsbeitragspflichtig und unterliegt unter folgenden Voraussetzungen nicht der Lohnsteuer, Kommunalsteuer und dem Dienstgeberbeitrag:
▸ Dem Arbeitnehmer muss für das Kind für mehr als sechs Monate im Kalenderjahr der Kinderabsetzbetrag zustehen und das Kind darf zu Beginn des Kalenderjahres das 10. Lebensjahr noch nicht vollendet haben.
▸ Der Zuschuss wird vom Arbeitgeber allen Arbeitnehmern oder Gruppen von Arbeitnehmern (z.B. alle Außendienstmitarbeiter, alle Innendienstmitarbeiter mit Kindern bis zum 6. Lebensjahr, etc.) angeboten.
▸ Der Zuschuss wird direkt an die institutionelle Kinderbetreuungseinrichtung oder an die pädagogisch qualifizierte Person ausbezahlt. Leistet der Arbeitgeber den Zuschuss in Form von Gutscheinen, muss sichergestellt sein, dass die Gutscheine ausschließlich bei institutionellen Kinderbetreuungseinrichtungen einlösbar sind.
▸ Der Arbeitnehmer muss dem Arbeitgeber einer Erklärung abgeben, in der er bestätigt, dass die Voraussetzungen für diesen steuerfreien Zuschuss erfüllt sind.

Wann besteht kein Anspruch auf diesen steuerfreien Zuschuss?

Nicht steuerbefreit sind Zuschüsse
▸ an freie Dienstnehmer
▸ wenn der Kinderabsetzbetrag dem (Ehe-)Partner des Arbeitnehmers gewährt wird. Nicht erlaubt ist außerdem eine Doppelbeanspruchung des Zuschusses. Dies ist dann der Fall, wenn der Arbeitnehmer schon von einem früheren Arbeitgeber den Zuschuss erhalten hat oder wenn der Arbeitnehmer gleichzeitig bei mehreren Arbeitgebern beschäftigt ist.

Hübner & Hübner
Wirtschaftsprüfung & Steuerberatung GmbH & Co KG
Schönbrunner Straße 222 | A-1120 Wien
Tel. +43/1/811 75-0 | Fax +43/1/811 75-18
wien@huebner.at | www.huebner.at

HÜBNER & HÜBNER

Smart Surfaces -
Intelligente Oberflächen und ihre
Anwendung in Architektur und Design

Planungsgrundlagen für die Praxis:
Produktion, Funktion und
Anwendung innovativer Materialien

Thorsten Klooster (Hrsg.)
184 S. 230 Farb- und 230 sw-Abb. Broschur
EUR (D) 44.90 / CHF 75.00
ISBN 978-3-7643-8811-9

BIRKHÄUSER

Gebäudeintegrierte Photovoltaik
Ein Handbuch

Die neuesten Produkte und Systeme
mit anschauliche Konstruktionsdetails

Simon Roberts, Nicolo Guariento
192 S. 100 Farb- und 50 sw-Abb. Broschur
EUR (D) 39.90 / CHF 64.90
ISBN 978-3-7643-9949-8

Birkhäuser
Viaduktstrasse 42
CH-4051 Basel

Tel. +41 61 205 07 77
e-mail: sales@birkhauser.ch
www.birkhauser.ch

Le sens de l'ouverture

Vorsprung mit System

Securing technology for you
Progettiamo sicurezza
Prednosti sistemov

Unternehmensgruppe Gretsch-Unitas

Die multifunktionale Objekttür

Wie lassen sich die Erwartungen an eine moderne Objekttür gleichzeitig erfüllen?

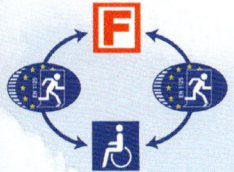

Zutrittskontrolle

Fluchttürsicherung

Fluchttüreignung

Einbruchsicherheit durch Secury–Automatik

Barrierefreier Zugang durch Drehtürantrieb TurnMaster

Die Antwort gibt ein perfekt abgestimmtes Produkt–Paket der Unternehmensgruppe Gretsch–Unitas!

Multifunktionale Objekttür

| Fenstertechnik | Türtechnik | Automatische Eingangssysteme | Managementsysteme |

GU Baubeschläge Austria GmbH · Mayrwiesstraße 8 · A–5300 Hallwang · Tel. +43(0)662 66 48 30 · Fax +43(0)662 66 48 30–17 · office@g–u.at · www.g–u.com

Stahl & Alu

José María Sánchez García

Zentrum für Freizeit- und Sportaktivitäten, Guijo de Granadilla, Spanien – Ein Kreis in den Bäumen Center for Recreational and Sports Activities, Guijo de Granadilla, Spain – A circle in the trees [▶p.67]

Photos Roland Halbe
Text David Cohn

Nutzfläche floor area:
5.211 m²

Planungsbeginn start of planning:
3/2008

Baubeginn start of construction:
5/2008

Fertigstellung completion:
12/2008

Baukosten building costs:
3,76 Mio EUR

Kosten pro m² cost per m²:
722,60 EUR

Stahlpaneele auf Stahlkonstruktion Steel panels on steel structure

62 Stahl & Alu José María Sánchez García

In ursprünglicher landschaftlicher Umgebung entstand ein subtiles Bau-Gerät: Gleichzeitig Hi-Tech-Objekt und Schonkost für die Natur, bietet es Sportlern einen kontemplativen Rahmen für ihre Aktivität.

Astronomisches Gerät In der Konzentration des Programms für dieses Zentrum zur Entwicklung von Sport- und Freizeitaktivitäten auf eine einzige kreisförmige Struktur mit einem Durchmesser von 200 Metern nutzt der junge Architekt José María Sánchez García aus Madrid geschickt den großen Maßstab des Gebäudes zur Verteilung seiner Wirkung auf seine ursprüngliche natürliche Lage. Der als „der Ring" bekannte Komplex liegt auf einer Halbinsel und blickt über den Stausee Gabriel y Galán in der westspanischen Provinz Cáceres. Errichtet auf Pfeilern über dem Hochwasserstand des Stausees – zwischen 0,50 und 4,50 Meter über dem unebenen Terrain – und ausgeführt in vertikalen Paneelen aus unbehandeltem rostfreien Stahl, um wie ein Chamäleon den Wechsel der Farben und des Lichts seiner Umgebung zu reflektieren, ist der Bau inmitten der Korkeichen und Pinien aus der Entfernung schwer zu erkennen. Aus der Nähe ist es unmöglich, seinen ganzen Umfang von 600 Metern von einem einzelnen Blickpunkt aus zu erfassen – selbst aus dem Kreisinneren betrachtet, wird der Bau wegen der Bäume und der Topographie der Sicht entzogen. Seine weite Ausdehnung unterstreicht sein feines Profil – der Ring ist nur sieben Meter stark. Seine vollkommene geometrische Form, in unregelmäßigen Abständen von breiten offenen Portalen zwischen den Programmbereichen und in regelmäßigeren Abständen von schmalen vertikalen Fenstern durchbrochen, interagiert mit dem Standort und mit den Aussichten auf das Wasser und die fernen Berge wie ein großer Kompass oder ein primitives astronomisches Gerät.

Gebäude auf Zehenspitzen Der Ring ist Teil einer Initiative der Regionalregierung von Extremadura zur Entwicklung des ländlichen Tourismus im Tal des Tajo, einer unbesiedelten Region mit einem reichen natürlichen Habitat (das Reservoir zieht neben anderen Wildtieren Kraniche und Luchse an). Das Zentrum beherbergt Einrichtungen für Forschung, Schulung und Entwicklung von Freizeitaktivitäten in Beziehung zu den nahe gelegenen Bergen und dem Stausee, darunter Wassersportarten (Segeln, Rudern und Motorbootfahren), Wandern, Klettern und Bergsteigen. Den einzelnen Bereichen gewidmete Werkstätten und Unterrichtsräume sind in verschiedenen Segmenten des Rings gruppiert und den entsprechenden natürlichen Gegebenheiten, die sie nutzen, grob zugeordnet – die Bergsportarten blicken zu den Bergen im Osten, der Bereich Segeln gibt den Blick auf die ruhigeren

Aufgestützt (li.) und eingegraben: Unterschiedliche Erdberührungen Hovering (left) or buried: variations of touching the earth

64 Stahl & Alu

José María Sánchez García

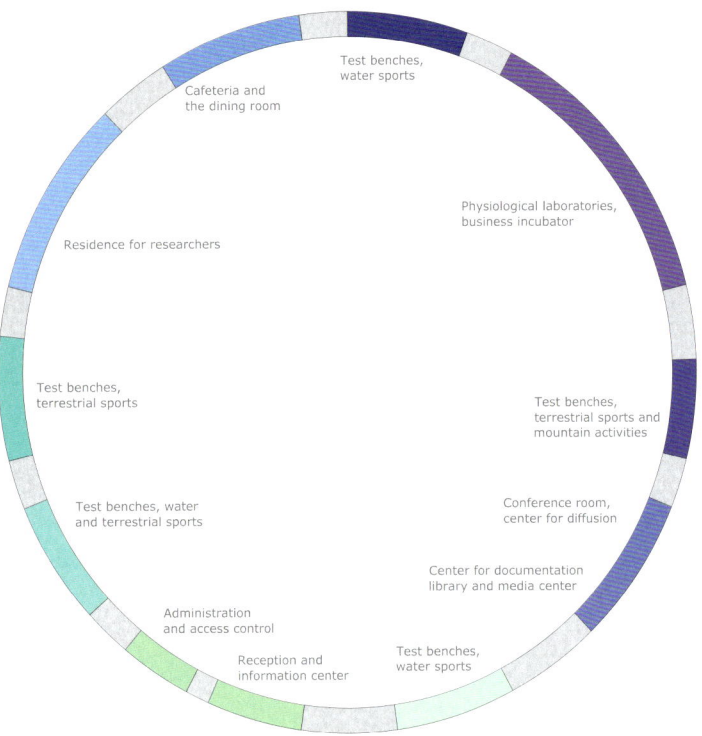

Wie ein Kompass: Programmschema Like a compass: program scheme

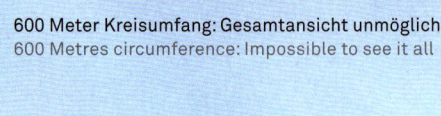

600 Meter Kreisumfang: Gesamtansicht unmöglich
600 Metres circumference: Impossible to see it all

oberen Abschnitte des Stausees frei usw. Ein Empfangsbereich mit einer Bibliothek und ein Informationszentrum befinden sich neben dem Gebäudeeingang, ausgerichtet nach dem Hals der Halbinsel, und eine öffentliche Kantine und zehn Gästezimmer gewähren die besten Aussichten auf das Wasser. Der Erstbesucher wird allerdings noch leicht die Orientierung verlieren, da Leitfarben oder andere Orientierungshilfen längs dem einförmigen Kreisumfang vorderhand fehlen. Die Realisierung des Projekts war an ein straffes Budget von 3,5 Millionen Euro für die 5.200 m²-Anlage, eine Bauzeit von nur sechs Monaten und die Auflage gebunden, die Beeinträchtigung der Umgebung durch den Bauprozess zu minimieren. Also wählte Sánchez García den Standort des Gebäudes so, dass die Aushubarbeiten minimiert werden konnten und lediglich fünfzehn Bäume versetzt werden mussten. Durch Anheben des Gebäudes reduzierte er die Fundamentarbeiten auf ein Minimum. Und zwecks Baubeschleunigung zog er, wo immer das möglich war, ein Trockenmontage-Verfahren mittels vorgefertigter Elemente heran, mit einer fließenden, kontinuierlichen Abfolge der Gewerke.

Ort der Kontemplation Wegen ihres großen Durchmessers wurde die Krümmung der Struktur mit rechteckigen Standardelementen ausgestattet. Die Stahlstruktur wurde in wenigen Wochen errichtet. Die Bodenplatten sind aus Stahl mit Beton-Estrich. Das Innen-Finish hat Industriequalität. Die Trennwände sind vorgefertigte Sandwichpaneele in Ein-Meter-Einheiten aus verzinktem Stahlblech. Das Äußere bildet eine dreischalige Mauer mit Sandwichpaneelen an der Innenseite und den Paneelen aus rostfreiem Stahl an der Außenseite, welche jalousienartig abgewinkelt sind, um ein

Stahl & Alu

José María Sánchez García

Geschuppte Stahlpaneele als Fassade Facade: scaled steel panels

Wechselspiel von Licht und Schatten zu erzeugen. Die Fensterrahmen, zwecks Abschattung tief in die Wand gesetzt, sind ebenso aus Stahl. Kabelverläufe, Installationen und Strukturelemente bleiben überall sichtbar. Die Sichtdecken sind 3,7 Meter hoch, wie für die Werkstätten erforderlich.

Umkleideräume, Bootslagereinrichtungen und die Haustechnik sind in Betonfertigteilbauten untergebracht, die Sánchez García zwischen dem Ring und dem Stausee verteilt hat. Diese Betonelemente werden gewöhnlich für Autobahnunterführungen auf dem Lande verwendet; hier werden deren Enden mit Metallpaneelen abgeschlossen und ihre Innenräume mit vorgefertigten Trennwänden ausgestattet.

Die Nutzer betreten den Ring über in den Portalen angelegte Treppen oder Rampen; es sind auch drei Aufzüge vorhanden. Die Treppe führt auf eine Dachterrasse, die für Jogger eingerichtet wird. Mit ihren durchgehenden Handläufen und großartigen Aussichtspunkten ist sie die urbanste Fläche des Zentrums, eine erhöhte Promenade, die sich zwischen den Bäumen aus den Augen verliert.

Das Erdgeschoß-Portal unter dem erhöhten Abschnitt des Rings bildet eine weitere geschützte Außenfläche. Wie die Fassaden reflektiert seine Decke aus verzinktem Stahl indirektes Licht vom Boden und mildert so die Kontraste von Licht und Schatten. Sánchez García plant von hier in alle Richtungen ausgehende Outdoor-Aktivitäten ein, während der innere Kreis des Rings ein stiller, natürlicher Ort der Kontemplation bleiben wird.

Funktional und doch poetisch

Sánchez García stammt aus Extremadura und studierte Architektur an der Technischen Hochschule Madrid. Im Alter von dreiunddreißig Jahren eröffnete er sein Büro; das war 2006, als er den Wettbewerb zur Absicherung des Standortes des römischen Diana-Tempels in Mérida gewann. Er verfolgt eine Reihe anderer Projekte in der Region, darunter zwei Gästehäuser und ein Jugendzentrum, das in einem revitalisierten Wasserspeicher untergebracht ist. Er bekennt, dass sein Schaffen am stärksten von Alberto Campo Baeza beeinflusst ist, der wiederum ein Schüler des Madrider Meisters Alejandro de la Sota (1913–1996) ist. Mit seiner Kombination von Mies'scher Nüchternheit und rohen, aber perfekt eingesetzten industriellen Baustoffen bleibt der Ring dem gerafften, funktionalen und doch poetischen Design-Erbe de la Sotas treu. Und doch wirkt er in seiner monumentalen, elementaren Geometrie und durch seinen Maßstab eher wie ein Stück Landschaftskunst denn wie ein konventionelles Gebäude, indem er quasi territorial wirkt. Der Eindruck beim Schlendern auf der kreisförmigen Dachterrasse, in all ihrer ländlichen Schlichtheit, lässt sich nur mit Eindrücken wie jenen der Le Corbusier'schen Megastruktur für Algier vergleichen.

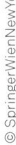

A subtle building-appliance has been created in a natural landscape setting: it is a high-tech object yet protective of nature and offers sportsmen and women a contemplative framework for their activities.

Fensterrahmen aus Stahl Steel windows

Astronomical device   In concentrating the program for this center for the development of sports and recreational activities in a single circular structure 200 meters in diameter, the young Madrid architect José María Sánchez García cleverly uses the large scale of the building to dilute its impact on its pristine natural setting. Known as "The Ring", the complex is located on a peninsula overlooking the Gabriel & Galán Reservoir in the western Spanish province of Cáceres. Elevated on pillars above the high water level of the reservoir – it stands between 0.50 and 4.50 meters above the uneven terrain – and finished in vertical panels of untreated stainless steel to reflect, like a chameleon, the changing colors and light of its surroundings, the building is difficult to perceive at a distance amid the cork trees and pines. At close range, it is impossible to take in its full 600 meter circumference from a single viewing point – even when viewed from inside the circle, the structure curves out of sight behind the trees and the topography. Its large extension emphasizes its delicate profile – the ring is only seven meters thick. Its perfect geometric form, marked at irregular intervals by large open porches between program areas, and at more regular intervals by narrow vertical windows, interacts with the site and with the views of the water and distant mountains like a large compass or primitive astronomical device.

Tiptoeing building   The Ring forms part of an effort by the regional government of Extremadura to develop rural tourism in the valley of the Tajo River, an unpopulated region with a rich natural habitat (the reservoir attracts cranes and lynx, among other wildlife). The center houses facilities for research, training and development in recreational activities related to the nearby mountains and the reservoir, including

Überdachte Zugangsbereiche Gates into the ring

navigable water sports (sailing, rowing and motoring), hiking, rock climbing and mountain climbing. Workshops and classrooms dedicated to each area are grouped in different segments of the ring, and roughly aligned with the respective natural features they exploit – mountain activities face the mountains to the east, the sailing section overlooks the quieter, upper reaches of the reservoir, etc. A reception area with a library and an information center is located beside the entrance to the complex, aligned with the neck of the peninsula, and a public canteen and ten guest bedrooms enjoy the views closest to the water. First-time visitors will still be easily disoriented, however, by the present lack of orienting colors or other identifying features along the circle's uniform circumference.

The project's realization was conditioned by a tight budget of 3.5 million euros for the 5,200 m² facility, a construction period of only six months and a mandate to minimize the impact of the construction process on the surroundings.

Sánchez García thus located the building to minimize earth movement, and only 15 trees were moved and replanted on the site. By elevating the building, he minimized foundation work. And to speed construction, he sought a dry assembly process using prefabricated elements wherever possible, with a fluid, continuous sequence of trades.

Place of contemplation

Due to its large diameter, the curvature of the structure was accommodated using standard

Boote-Lager in Betonfertigteilbau Storage of boats

rectangular elements. The steel structure was erected in a few weeks. Floor plates are of steel with a concrete topping. Interior finishes are industrial grade. Partitions are prefabricated insulated panels in one-meter units, finished in galvanized metal sheet. The exterior is a double cavity wall, with insulated panels on the inside and the panels of unfinished stainless steel on the exterior, which are angled like louvers to create a changing texture of light and shadow. Window frames, set deep in the wall for shading, are also of steel. Wiring conduits, plumbing and structural elements are exposed throughout. The exposed ceilings are 3.7 meters high, as required for the workshops.

Dressing rooms, boat storage facilities and mechanical services are located in prefab concrete units that Sánchez García has scattered between the ring building and the reservoir. These concrete elements are normally used for agricultural highway underpasses; here he encloses their ends with metal panels and outfits their interiors with prefab partitions.

Users access the Ring via stairs or ramps located in the porches; three elevators are also provided. The stairs continue to a roof terrace, which will be conditioned for joggers. With its continuous railings and excellent views, this is the most urban space of the center, an elevated promenade that curves out of sight amid the trees.

The ground-level porch under the elevated section of the ring forms another protected outdoor space. Like the facades, its galvanized steel ceiling reflects indirect light from the ground, softening the contrasts of light and shadow. Sánchez García foresees outdoor activities emanating outwards from here in all directions, while the Ring's inner circle will remain a quiet natural habitat for contemplation.

Klare Struktur, rohe Untersichten Clear structure, raw ceiling

Innenausbau aus 1 m-Sandwichpaneelen Interior of 1 metre sandwich panels

Functional, yet poetic   Sánchez García is a native of Extremadura and studied architecture at Madrid's Technical School. Thirty-three years old, he opened his studio in 2006 when he won the competition to consolidate the site of the Roman Temple of Diana in Mérida. He has a number of other projects underway in the region, including two guest hostels and a youth center installed in a rehabilitated water tank. He declares that the greatest influence on his work has been Alberto Campo Baeza, who is in turn a disciple of the Madrid master Alejandro de la Sota (1913 - 1996). In its combination of Miesian austerity and rough but perfectly-controlled industrial materials, the Ring is true to De la Sota's restrained, functional and yet poetic design legacy. But at the same time, in its monumental, elementary geometry and scale it acts more like a work of land art than a conventional building, operating at a territorial scale. The experience of strolling around its circular roof terrace, in all its rural modesty, is comparable only to visions like Le Corbusier's megastructure for Algiers.

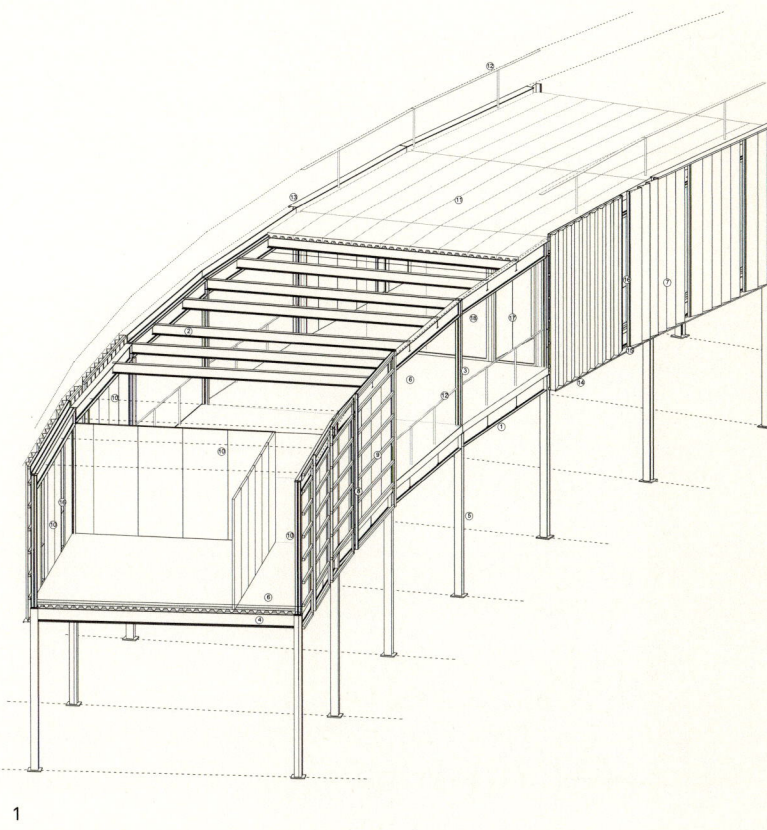

1
Axonometrie Axonometry

2
Erdgeschoß Ground floor plan

3
Lageplan Site plan

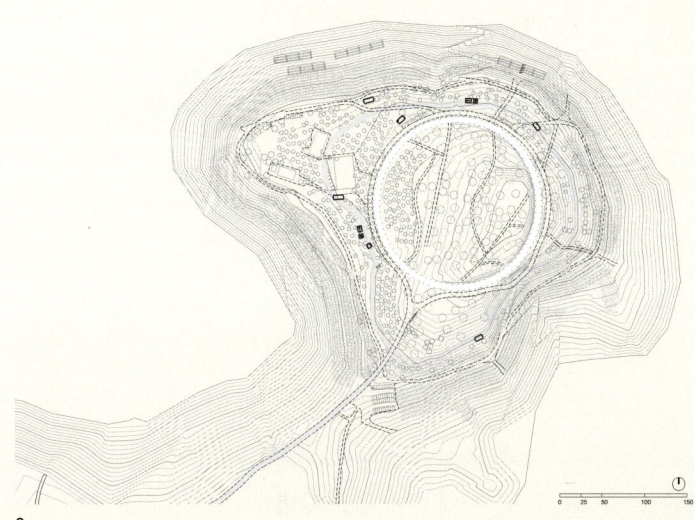

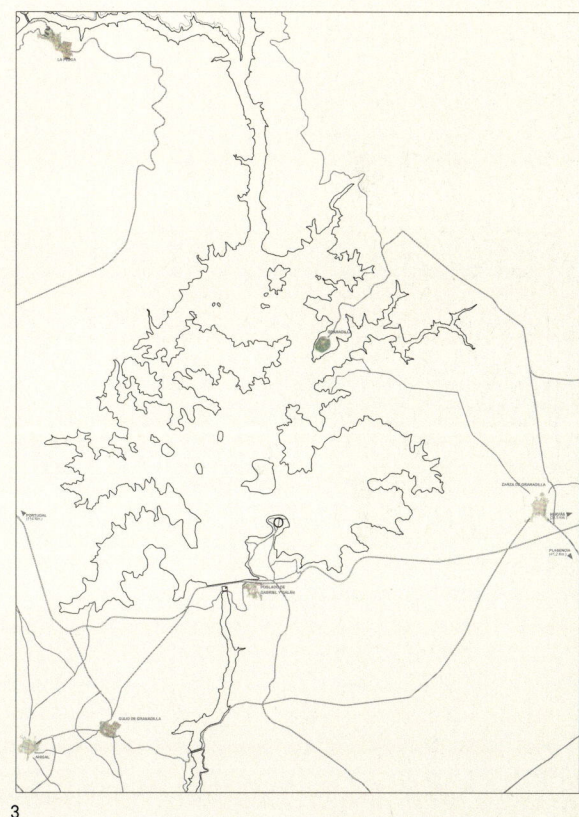

1

2

3

Center for technical development of physical, sportive and leisure activities in the natural environment of the Tagus River
Guijo Granadilla/Caceres/Spanien

Bauherr client:
Consejería de los Jóvenes y del Deporte – Junta de Extremadura

Generalunternehmer building contractor:
UTE Magenta – Construcciones Pinilla S.L.

Planung/Projektleitung planning/project manager:
José María Sánchez García

Mitarbeiter assistance:
Enrique García-Margallo Solo de Zaldivar, Rafael Fernández Caparros, Maribel Torres Gómez, Laura Rojo Valdivielso, Francisco Sánchez García, José García-Margallo, Marta Cabezón, Mafalda Ambrósio, Carmen Leticia Huerta

Statik structural consultant:
Gogaite S.L.

Fassaden facade:
Arcelor Mittal SSC Spain

Dach/Mauerwerk/Böden/Elektro-installationen roof/masonry/flooring/electrical services:
UTE Magenta – Construcciones Pinilla S.L.

Fenster/Türen windows/doors:
Jansen, Metalco Arquitectura en Acero, S.L

Heizung/Lüftung/Klima/Sanitär heating/ventilation/air conditioning/sanitation:
ARO consultores

Lichtplanung/-ausstattung lighting concept/fittings:
Philips Electronics N.V.

Aufzug elevators:
Zardoya Otis S.A.

72 Stahl & Alu

schmidt hammer lassen architects

Künstlerhaus in Silkeborg, Dänemark – Stählerne Talentschmiede Performers House in Silkeborg, Denmark – Talent factory in steel [▶p.79]

Photos & Text Klaus-Dieter Weiß

| **Nutzfläche** floor area: 3.700 m² | **Neubau** new built: 2.200 m³ | **Baubeginn** start of construction: 2006 |
| **Umbau** transformation: 1.500 m² | **Wettbewerb** competition: 2005 | **Fertigstellung** completion: 2007 |

Corten-Fassade: Der Bau als Performance
Corten facade: the building as a performance

Stahl & Alu

schmidt hammer lassen architects

Im neuen Stadtteil Papirfabrikken griffen schmidt hammer lassen Architects die industrielle Keimzelle Silkeborgs atmosphärisch mit einem Neubau auf. Der Corten-Stahl der Kunsthochschule präsentiert sich dabei, angepasst an den vorherrschenden Ziegelstein, in wechselnder Ausleuchtung und Benutzung selbst als Performance.

Kultureller Neubeginn Gundenå, der längste Fluss Dänemarks, war in der Seenlandschaft Silkeborgs im Jahr 1844 zum Antrieb der Papierherstellung geworden – als Energieträger und Transportweg. Nach und nach entwickelte sich die kleine Ansiedlung von 30 Einwohnern auf diesem Weg zu Beginn des 20. Jahrhunderts zur Stadt und zum Zentrum der dänischen Papierindustrie. Fünf Jahrzehnte lang, bis 1958, war Papirfabrikken der streng gesicherte Produktionsort für das Papier der dänischen Banknoten. Das erst im Jahr 2000 aufgegebene Industriegelände mit 96 Gebäuden auf 22 Hektar Fläche bot am Flussufer und mitten in der heute über 40.000 Einwohner zählenden Stadt die große Chance für einen kulturellen Neubeginn. Kultur und Bildung haben in Dänemark oft auch architektonisch einen hohen Stellenwert, selbst in der Provinzstadt Silkeborg im Herzen Jütlands. Performers House verkörpert diesen strategischen Ansatz in seiner ungewöhnlichen pädagogischen Zielsetzung ebenso wie in seinem dynamischen Erscheinungsbild. Im dichten Gefüge der Industriebauten ganz unterschiedlicher Epochen, die heute unter anderem ein Hotel, Restaurants, die örtliche Tageszeitung, zum Teil 11 Meter hohe

1
22 Hektar umgenutztes Industriegelände Old industrial site of 22 hectares, reused

2-3
Zwei Jahre Oxidation: Fassade aus Stahltafeln Two years oxidation: facade of steel panels

1

Büros und Ateliers, aber in einigen Neubauten auch das neue Konzert- und Schauspielhaus sowie das Papiermuseum beherbergen, repräsentiert Performers House die unkonventionelle Seite der dänischen Architektur. Der große Reiz für das gesamte Areal liegt darin, dass die Geschichte der Stadt in ihrer Keimzelle ablesbar bleibt, ohne diesen historischen Entwicklungszustand trotz notwendiger Umnutzung formal festzuschreiben. Performers House greift die Kubatur eines abgetragenen bzw. verkürzten Altbaus im Hintergrund auf. Dieser Langbau, im Ursprung der Verwaltungsbau des Jahres 1844, war nach einem Brand zwanzig Jahre später neu entstanden, hatte sich aber im Laufe der Zeit immer weiter ausgedehnt und die Nutzung des Grundstücks behindert. Der Beitrag des gerade in letzter Zeit mit drei MIPIM Future Project Awards in Folge, dem Red Dot Designpreis 2009 und dem gerade gewonnenen Hörsaalzentrum in Aachen überaus erfolgreichen, mit 175 Mitarbeitern in Aarhus, Kopenhagen, London und Oslo etablierten Teams ist architektonisch der prägnanteste. Wie es sich für eine Experimentierbühne der Kunst und einen damit eng verbundenen Wohn- und Arbeitsort angehender Künstler gehört.

Wohnatelier mit historischem Bühnenhaus Das pädagogische Konzept richtet sich europaweit an Absolventen der Schulausbildung, die die Hochschulreife in Dänemark schon mit siebzehn Jahren erreichen. 47 Einrichtungen dieser Art, aber unterschiedlicher Fachrichtungen schlagen in Dänemark in der schwierigen Phase der Berufsfindung eine Brücke zwischen Schule und Hochschule bzw. Berufsausbildung. Performers House ist darum noch keine Kunstakademie im engeren Sinne, natürlich auch keine Volkshochschule, was die dänische Bezeichnung irrtümlich nahelegen könnte. Vielmehr geht es darum, Talente zu entdecken und konsequent zu fördern. Ganz ohne Begabungsnachweis ist diese individuelle Förderung nicht zu bekommen. Auch nicht ohne finanzielle Beteiligung, obwohl Studiengebühren eigentlich unüblich und laut Verfassung von Ausnahmen abgesehen gar nicht zulässig sind. Andererseits leben die angehenden Künstler nach einer Art Meisterklassen-Prinzip in ihrer Ausbildungsstätte wie in einem Internat, schon aus Gründen der Aufsichtspflicht zusammen mit dem Leiter der Einrichtung, der eine Wohnung im Dach bewohnt, und einigen Dozenten, die für spezielle Themen auch mal aus New York kommen. Umgekehrt nahmen die Studenten zuletzt an einem zehntätigen Workshop in Cape Coast/Ghana teil. Für jeden erfolgreichen Abschluss der 17- bis 24-wöchigen Kurse erhält die Hochschule einen staatlichen Zuschuss. Außerhalb der regulären Ausbildung werden die Räume für kurzfristige Kurse genutzt.

1
Gelochte Fensterläden   Perforated shutters

2-3
Farbsinfonie: Sand, Gold, Rot   A symphony of colours between sand, gold and red

Stahl & Alu

Schwerkraft und Höhenflug Oberhalb der flexibel zu nutzenden Gemeinschaftsebene, die abgesehen von einem Probenraum, dem Büro und der Küche mit einem großen Saal und einem kleinen Café fast das ganze zweigeschoßig angelegte Erdgeschoß einnimmt, liegen in den Obergeschoßen einige kleinere Studios und Probenräume, vor allem aber, über Mittelflure erschlossen, 45 Doppel- bzw. Einzelzimmer für die jugendlichen, noch nicht erwachsenen Studenten. Die große Bühne mit verschiedenen Übungssälen befindet sich im benachbarten ehemaligen Kesselhaus aus dem Jahr 1919, in dem bislang meist ausländische Hilfskräfte Lumpen zu einem Brei für die Papierherstellung verkochten. Der hohe Schornstein harmoniert im Sonnenlicht farblich perfekt mit der dichten, scheinbar sandig-samtenen Eisenoxidschicht der Stahllegierung des modernen Neubaus. Im Regen dagegen kann Peformers House auch wie ein Schiffsrumpf in Seenot wirken, der erst neu erstrahlt, wenn das Bühnenlicht aufflammt. Nach einem Übergangsstadium von zwei Jahren haben die exakt verbauten und kunstvoll ornamentierten Stahltafeln durch den Witterungseinfluss ihr perfektes Oberflächenbild erreicht. Eine beeindruckende Sinfonie der Farben zwischen Sand, Gold und Rot, wie auf den Seiten einer Partitur geordnet im strengen Raster des Giebelhauses, aber in der Abfolge der wechselnden Lochung individuell komponiert. Die offen nutzbare Gemeinschaftsebene im Erdgeschoß mit Anschluss an Eingang und auskragende Terrasse symbolisiert dabei mit einem umlaufenden, am Übungssaal verspringenden Glasfeld als Metapher für ungebundenes Navigieren auf einer Wasserfläche die Freiheit künstlerischen Ausdrucks. Dieses Bild findet im Inneren vor allem dann seine Entsprechung, wenn in grandiosen Auftritten für kurze Momente Perspektiven der Zukunft erlebbar werden. Die Architektur leistet dazu einen vielleicht kleinen, aber doch entscheidenden Beitrag, den die Architekten auch in Worte fassen können: „Music is thus rendered audible and the theatrical performance visible to passers-by. An academy whose physical form is as dynamic as the life that pulsates within it."

1
Altbau: Kunst im Industrieambiente
Old building: art in an industrial setting

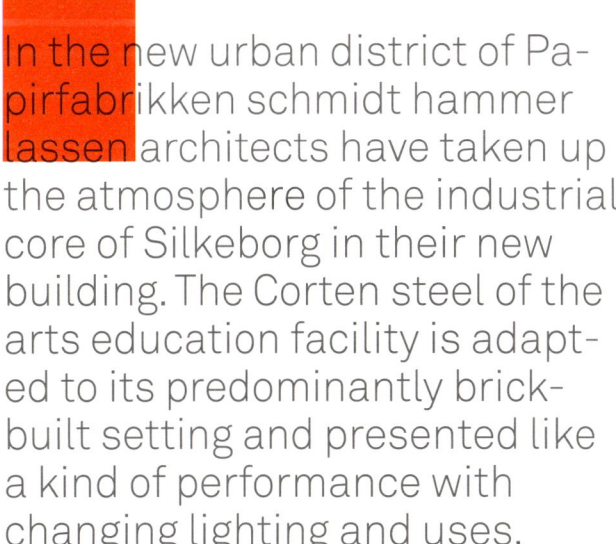

2
Proberaum Rehearsal room

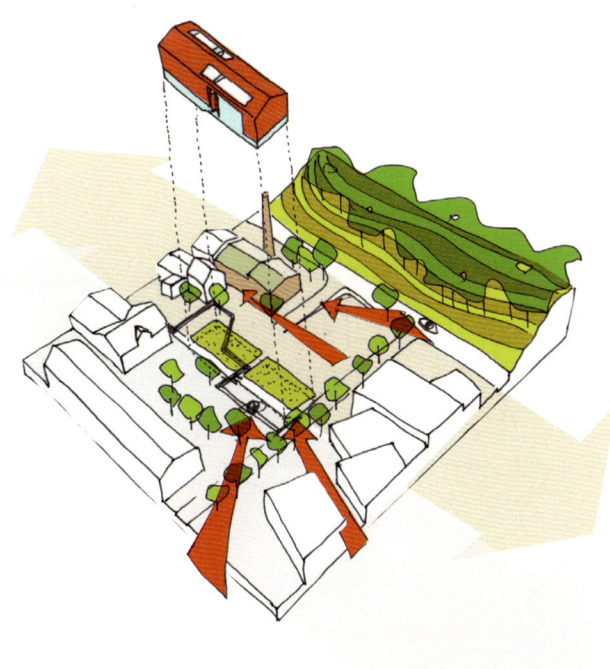

3
Städtebauliches Schema
Local urbanism

In the new urban district of Papirfabrikken schmidt hammer lassen architects have taken up the atmosphere of the industrial core of Silkeborg in their new building. The Corten steel of the arts education facility is adapted to its predominantly brick-built setting and presented like a kind of performance with changing lighting and uses.

Cultural new start In 1844 the Gundenå, Denmark's longest river, provided the motor for the production of paper in the lake-dotted landscape of Silkeborg – both as a source of energy and a transport route. From a population of only 30 inhabitants this small settlement gradually grew into a town and was the centre of the Danish paper industry at the beginning of the 20th century. For five decades, until 1958, Papirfabrikken was the high-security production centre of the paper used for Danish banknotes. The industrial site, which only ceased operations in 2000, has 96 buildings on an area

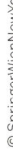

2

1-2
Cafeteria

of 22 hectares and offered a great opportunity for a new cultural start, both on the banks of the river and in the heart of the town, which today has a population of over 40,000. In Denmark culture and education often have a high architectural value, even in the provincial town of Silkeborg in the heart of Jutland. The Performers House embodies this strategic approach with its unusual educational goals as well as through its dynamic appearance. In the dense mesh of industrial buildings from very different eras, which today house a hotel, restaurants, the local daily newspaper, offices and studios – some of which are 11 metres tall – and is also the location of the new buildings for the concert hall and theatre and the paper museum, the Performers House represents the unconventional side of Danish architecture. The great attractiveness of the site as a whole lies in the fact that the history of the city remains legible in its original core, without formally stipulating this historical state of development despite the need for new functions. The Performers House takes up the volume of a demolished or reduced old building in the background. This long building, originally the administration building from 1844, was rebuilt following a fire twenty years later, and had been repeatedly extended over the course of time, hindering the use of the site. The contribution from this highly successful team of architects, who have won three MIPIM Future Project Awards in succession, the Red Dot Design Prize 2009 and, recently, the competition for the lecture hall centre in Aachen, and who have a staff of 175 in offices in Aarhus, Copenhagen, London und Oslo, is certainly the most striking in architectural terms – as is only fitting for an experimental stage for the arts and the closely associated living and work spaces for the artists of the future.

Residential studio with historical stage area The educational concept is directed at young people from throughout Europe who have completed their schooling, in Denmark young people who wish to go on to higher education generally finish secondary school at the age of seventeen. In Denmark 47 facilities of a similar kind but with different specialisations form a bridge between secondary school and higher education or professional training. The Performers House is therefore not an academy of arts in the narrow sense of the term, and is naturally not an adult education institute, something that the Danish name might erroneously suggest. The aim, in fact, is to discover talented young people and to encourage their development in a consistent manner. This individual encouragement cannot be received entirely without proof of talent. And not without financial commitment, even though tuition fees

are actually unusual and according to the constitution are not permitted, with just a few exceptions. On the one hand the artists of the future live on the basis of the master-class principle in their place of education, like in a boarding school. Because of the requirement for supervision they live together with the director of the facility, who has an apartment in the roof space, and a number of lecturers, who for special themes even come from New York. On the other hand the students recently took part in a ten-day workshop in Cape Coast/Ghana. For every successfully completed 17 to 24-week-long course the institution receives a state grant. Outside the regular teaching periods the rooms are also used for short-term courses.

Gravity and high-flying Above the communal level, which can be used flexibly and occupies almost all of the two-storey ground floor the rest being taken up by a rehearsals room, the office and the kitchen with a large hall and a small café, there are a number of smaller studies and rehearsal rooms on the upper floors, but above all 45 double or single rooms for the young, not yet adult, students that are reached from a central corridor. The large stage and the various rehearsal and practicing rooms are housed in the neighbouring former boiler house that dates from 1919, in which unskilled workers, generally foreigners, used to boil rags to form a mush out of which paper was produced. In the sunlight the tall chimney stack harmonises perfectly with the dense, apparently sandy, velvety iron oxide coat of the steel alloy used in the new building. When it rains the Performers House can look like the hull of a ship in distress, which only gleams again when the stage lights blaze. After a transitional period lasting two years the precisely fixed and artfully ornamented steel panels have achieved a perfect surface appearance, thanks to the effects of the weather. An impressive symphony of colours between sand, gold and red arranged like on the pages of a score in the strict grid of the gable building, but also individually composed in the sequence of the changing perforations. The open communal area on the ground floor that connects to the entrance and the projecting terrace symbolises the freedom of artistic expression with a continuous area of glass that juts out at the rehearsal room as a metaphor for free navigation on an body of water. This image is matched in the interior, when during terrific performances perspectives of the future are opened up for brief moments. Here the architecture makes a contribution, which, while perhaps small, is decisive, and which the architects have been able to define in words: "Music is thus rendered audible and the theatrical performance visible to passers-by. An academy whose physical form is as dynamic as the life that pulsates within it."

1 Alter Industrieschlot Old chimney
2 Fensterladen Shutter

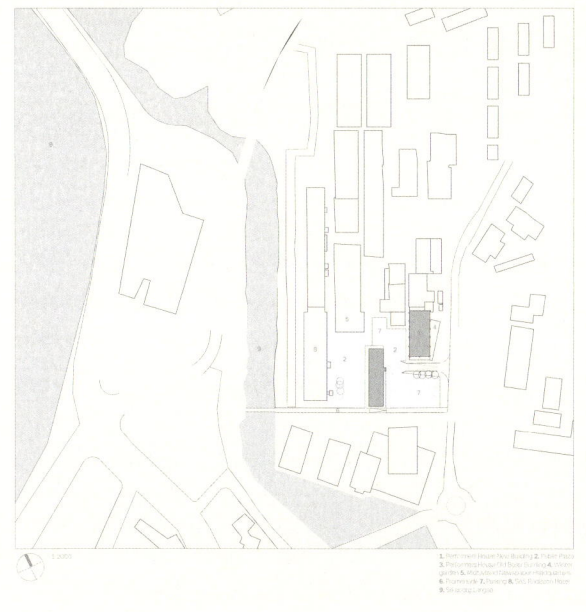

1
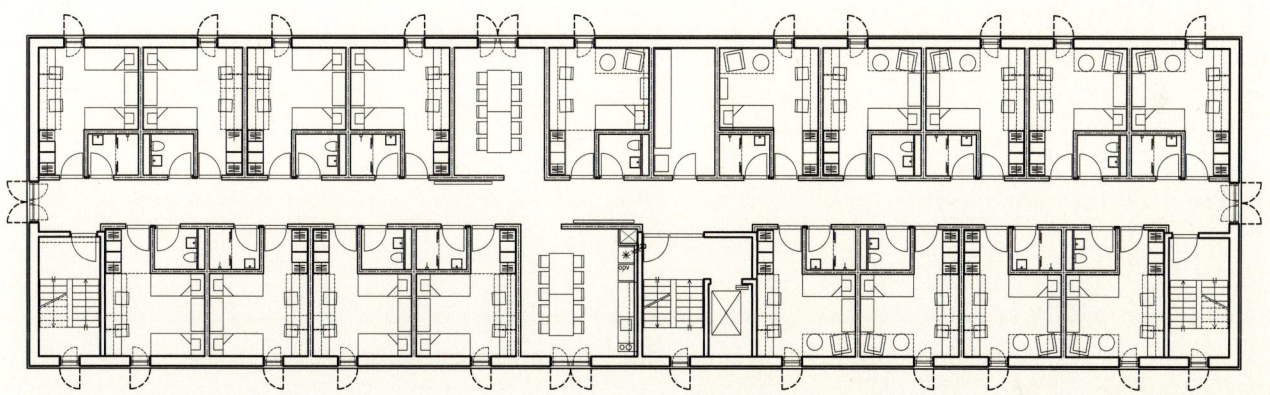

2

1
Lageplan
Situation

2
Neubau/Erdgeschoß
New building/ground floor

3
Neubau/Ebene 2
New building/second floor

3

Performers House
Silkeborg/Dänemark,
Papirfabrikken

Bauherr client:
Performers House

Generalunternehmer
building contractor:
SKANSKA Denmark A/S

Planung planning:
schmidt hammer lassen
architects

Projektleitung project manager:
Bjarne Hammer

Technikplanung engineering:
DAI Gruppen A/S

Consultants:
Martin Lumbye, Stefan Kvamm

84　Stahl & Alu

xarchitekten & Wernly+Wischenbart+Partner

PARKHAUS voestalpine, Linz – Sparsamkeit macht Helden
voestalpine multi-storey car park, Linz – Frugality makes heroes [▶p.90]

Photos David Schreyer
Text Romana Ring

Grundstücksfläche site area: 4.350 m²	**Bebaute Fläche** built-up area: 4.350 m²	**Planungsbeginn** start of planning: 2007	**Fertigstellung** completion: 2008
Nutzfläche floor area: 20.700 m²	**Umbauter Raum** cubage: 80.200 m³	**Baubeginn** start of construction: 2007	

Lehrstück: Stahl in allen Anwendungen A perfect example: steel used in all possible ways

Stahl & Alu

xarchitekten & Wernly+Wischenbart+Partner

Gefaltetes Blech: Ein Stück vom Flugdach über die Fassade bis zum Garagendach   Folded steel sheet: from the bus stop via the facade to the roof

Selten genug passiert das Naheliegendste: Ein Stahlwerk errichtet seine Werksbauten aus Stahl. Und es lässt sie von einem ortsansässigen, innovativen Architekturbüro planen. So geschehen in Linz, der Stahlstadt an der Donau.

Durchhalten lohnt sich Wenn die voestalpine AG baut, baut sie mit Stahl. Das ist verständlich, war aber nicht immer so. Gerade die historischen, aus unverputzten Ziegeln gemauerten Hallen im unmittelbaren Umfeld des neuen, von den xarchitekten in Arbeitsgemeinschaft mit den Konstrukteuren Wernly + Wischenbart + Partner im Herzen des Linzer Voest-Geländes entwickelten Parkhauses zeigen Industriearchitektur vom Feinsten. Die Latte für Architekten und Ingenieure lag aber nicht nur in gestalterischer Hinsicht hoch: im Auswahlverfahren für die Vergabe des Planungsauftrages mussten sie sich unter anderem der Konkurrenz einer hauptsächlich mit dem Bau von Garagensystemen befassten Firma stellen; die Baukosten des Projektes waren bindend festzulegen, der Preis somit ein wesentliches Entscheidungskriterium. Will man unter solchen Umständen noch mithalten, gilt es, den eigenen Entwurf organisatorisch, konstruktiv und gestalterisch zu optimieren. Eine solche Schlankheitskur kann, wie wir sehen, auch inspirierend wirken. Schon Erich Kästner wusste: Sparsamkeit macht Helden.

Die xarchitekten gehören zu jenen Büros, die ihre Aufgabe am Anfang des jeweiligen Entwurfsprozesses mit einem starken Bild verknüpfen: da schlüpft, um nur zwei Beispiele zu nennen, das Gebäude eines Golfclubs unter ein aufgeklapptes Wiesenstück und die über ein mehrfach gekrümmtes Skelett gespannte textile Haut des Juweliergeschäfts wird zur Präsentationsfläche von Schmuck und Uhren. Diese Vorgangsweise erleichtert nicht nur Laien – Bauherren etwa – die Identifikation mit einem Projekt. Es spricht für die xarchitekten, dass sie die einmal getroffenen Entscheidungen stets tapfer durch alle Klippen von Planung und Bauausführung tragen.

Night view

Noch viel ehrenvoller aber ist es, dass es ihnen immer wieder gelingt, die „richtigen", also jene Bilder zu wählen, für die sich das Durchhalten auch lohnt. Im Falle des Parkhauses der Voest hat, abgesehen von der ohnedies für alle auf der Hand liegenden Notwendigkeit zum Einsatz einer Metallfassade, die in den Entwurf einzubindende Bushaltestelle den Funken der Idee gezündet: eine in sich gefaltete, zweimal um neunzig Grad abgewinkelte Fläche hauseigenen, speziell beschichteten Stahlbleches beschirmt nun, aus der Horizontalen eines Flugdaches in die Vertikale der Schauseite ansteigend und schließlich das Dach des obersten Parkdecks formend die Haltestelle und das Parkhaus.

Robuste Struktur, filigrane Haut

Letzteres wird in seiner Erscheinung von der als Stahl-Beton-Verbundsystem konzipierten, nahezu unverhüllt gebliebenen Tragkonstruktion dominiert: teilweise aus Gründen des Brandschutzes mit Beton ausgegossene Stahlstützen und -träger bilden mit den Obergurten der Betondecken ein an einigen Stellen über mehrere Geschoße reichendes Fachwerk, das hilft, die komplizierten Anlageverhältnisse zu bewältigen. Denn während in den Obergeschoßen des Parkhauses Stellplatz- und Fahrbahntiefen naturgemäß das konstruktive Rastermaß bedingen, mussten im Erdgeschoß diagonal querende Eisenbahngeleise berücksichtigt werden. Die Existenz einer anderen werkseigenen Einrichtung, der Feuerwehr, brachte allerdings in Verbindung mit der Installation einer Brandmeldeanlage und der

Integration ins Werksgelände: Brücke, Bahngleis Bridge & railway: part of a vast industrial complex

Simulation zweier Brandfälle die stark kostenrelevante Vereinfachung des konstruktiven Brandschutzes mit sich. Die ohne jede Ummantelung verbliebenen Stahlstützen sind – ebenso elegant wie Kosten sparend – mit steigender Geschoßanzahl schlanker dimensioniert. Eine wichtige Rolle im Zusammenspiel der Kräfte kommt den drei, von zwei Aufzügen ergänzten Stiegenhauskernen zu, die mit dem als Einbahn

Bushaltestelle Bus stop

88 Stahl & Alu

xarchitekten & Wernly+Wischenbart+Partner

zur Auf- respektive Abfahrt geführten Rampenpaar die Queraussteifung des Gebäudes übernehmen. Dank ihrer klug gewählten Lage schlagen sie im Verhältnis von Stellplatzanzahl zur realisierten Nutzfläche nur sehr dezent zu Buche.
Die mit Aufbeton verbundenen Deckenplatten sind in kräftigen, von Stockwerk zu Stockwerk wechselnden Farben beschichtet, was Feuchtigkeitsabdichtung, Verschleißschicht und Gestaltungsmaßnahme sinnvoll zusammenfasst. Die Farben werden – ein erfreulich kostenloser Nebeneffekt – bei abendlicher Beleuchtung des Parkhauses von den Deckenuntersichten reflektiert. Der Boden des zweiten Obergeschoßes, aus dem der Verbindungsgang zum benachbarten Bürogebäude entspringt, ist naturgemäß in Blau, der Logofarbe der Voest, gehalten. Auch die äußere Schale des aus Hohlwänden gebildeten Rampenkerns ist luxuriöserweise blau durchgefärbt. Ansonsten blieb man in der Ausstattung des Parkhauses dem einmal gewählten Weg der Sparsamkeit verpflichtet. Massive, aus Stahlprofilen gebildete Fuß- und Brustwehren sind ent-

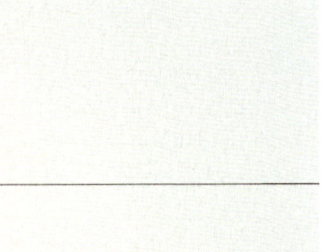

Übergang in Werkshalle
Passage to factory building

Verbindung von Stahl- und Massivbauteilen Connection of steel and massive elements

Die Garage – ein angenehmer Ort Auch der die Straße querende Übergang ist denkbar zart gehalten. Die gesamte für eine witterungsgeschützte Passage notwendige Raumlichte für ein weiteres Fachwerk nutzend, kommt die auf den zu verbindenden Gebäuden und zwei x-förmigen Mittelstützen ruhende Konstruktion mit sehr schlanken Profilen aus. Die Fugen zwischen den rahmenlosen Glastafeln der Fassade sind offen ausgeführt und auch der Boden der Brücke wird über die gesamte Länge beidseitig von einem Gitterrost begleitet. Das unterstreicht den Eindruck der Leichtigkeit des Bauwerkes während es gleichzeitig die Durchlüftung des Raumes gewährleistet und der Kondenswasserbildung oder der Überhitzung durch Sonneneinstrahlung entgegenwirkt. So wird der Gang im wahrsten Wortsinn beiläufig zu einem angenehm anmutenden Ort, aus dessen privilegierter Lage sich der Blick auf die Voest und ihre bauliche Entwicklungsgeschichte lohnt.

lang der Außenkanten des Gebäudes sichtbar mit den Stützen und Decken verschraubt. Sie trotzen allfällig aufprallenden Fahrzeugen und können bei Bedarf ohne große Eingriffe in die Konstruktion ausgetauscht werden. Die Absturzsicherung für Personen aus dünnen, einander wie die Kettfäden in einem Webstuhl kreuzenden Stahlseilen ist darin verankert und bildet eine filigrane, auch hinter der Blechfassade an der Schauseite vorbei geführte Hülle für das Haus.

Stahl & Alu

xarchitekten & Wernly+Wischenbart+Partner

It is seldom enough that something which seems self-evident actually happens: a steelmill erects one of its company buildings of steel – and has it designed by an innovative local architect's office. This is what happened in Linz, the steel city on the Danube.

Perserverance rewarded When the voestalpine AG builds, it builds in steel. While apparently logical, this was not always the case. The historical exposed brickwork sheds in immediate proximity to the new car park building designed by xarchitekten in working partnership with the structural designers form Wernly + Wischenbart + Partner in the heart of the Voest site in Linz are examples of the finest kind of industrial architecture. This set the bar for the architects and their engineers very high – and not only in terms of design: in the selection process for awarding this contract they had to face competition from (among others) a firm that specialises in building garage systems; the costs calculated for the erection of the building were to be binding and the price was therefore a decisive criterion in giving the contract. If you want to keep up under circumstances like this then you have to optimise your design in terms of organisation, construction and design. This kind of slimming cure can, as we see, also be a source of inspiration. Author Erich Kästner knew that frugality produces heroes.

xarchitekten belong to those offices who, at the start of each design process, link their commission to a strong image. To give just two examples: the building for a golf club that emerges from under an unfolded piece of meadow, and the textile skin of a jewellers stretched over a skeleton curved several times that becomes a surface on which jewellery and watches are displayed. This approach makes it easier to iden-

Rampe als konstruktive Queraussteifung Ramps for structural cross-bracing

tify with a project – not just for laypeople, for instance clients. The fact that having made their decisions xarchitecten then navigate them past the cliffs of design and construction with considerable fortitude speaks in their favour. Even more deserving of acclaim is the way in which they repeatedly succeed in finding the "right" images, i.e. those ones that are worth persevering for. In the case of the multi-storey car park building for Voest, aside from the necessity of using a metal façade, which was obvious to all involved, it was the bus stop that had to be integrated in the design that sparked off an idea: a surface of specially coated steel sheeting produced by Voest, folded and bent twice through 90 degrees, which now rises from the horizontal of a canopy to the vertical of the main front and forms the roof of the top parking level now protects both the busstop and the car park building.

Robust structure, filigree skin   The appearance of the car park building is dominated by its almost completely exposed loadbearing structure for which a steel and concrete composite system was used: steel stanchions and girders filled with concrete, partly for reasons of fire safety, together the upper chords of the concrete floor slabs form a truss system that at some places extends through several storeys and helps to deal with the complex conditions. For, while on the upper levels of the car park building the depths of the parking spaces and widths of the traffic lanes naturally enought determined the structural grid, on the ground floor railway tracks running through the building on the diagonal had to be taken into account. The fact that the company has its own fire brigade meant that, by installing a fire detector system and simulating two outbreaks of fire, it was possible to considerably simplify the fire protection of the structure, which had a positive impact on costs. The steel stanchions are not encased in any way and are as elegant as they are economical. As one moves up through the building they grow more slender from floor to floor. The three staircase cores with the two lifts have an important role to play in the handling of forces and with the pair of one-way ramps leading upwards or downwards provide the cross-bracing for the building. Thanks to their intelligently chosen position in the building they take up only a modest amount of space in the relationship between the number of parking spaces and the usable floor area.

The floor slabs connected by a concrete topping are coated in powerful colours that differ from floor to floor, this coating combines waterproof insulation, a wearing layer and a design measure in sensible way. A happy side effect is that, when the building is illuminated at night, the colours are reflected by the underside of the slabs. The floor of the second storey, where the connecting corridor to the neighbouring office building starts, is naturally in blue, the colour of the Voest logo. The external shell of the ramp core, which is built of cavity walls, is luxuriously coloured blue throughout. Otherwise the path of economy chosen at the start was

Farbbeschichtungen werden von Untersichten reflektiert
Painted concrete reflected by ceilings

92 Stahl & Alu

xarchitekten & Wernly+Wischenbart+Partner

Treppenkern Staircase

followed for all the fittings of the car park building: the foot and parapet rails are made of steel sections and are visibly bolted to the columns and slabs along the outer edges of the building. Their function is to deal with cars that occasionally bump into them and they can be replaced without the need for any major interventions in the structure. The barrier that prevents people falling out of the building, which is made of thin steel cables that cross each other like the warp threads in a loom, is fixed to the rails and forms a filigree envelope for the building that is also continued behind the metal facade on the main front.

The garage – a pleasant place
The connecting bridge that crosses above the road is also kept as delicate as possible. Fully exploiting the clear dimensions required for a weather-protected passageway to make a further truss, the structure that rests on the buildings it connects and on two x-shaped central columns makes do with very slender sections. The joints between the frameless glass panes of the facade are left open, and the floor of the bridge is flanked on either side by a metal grating. This underscores the structure's impression of lightness, while at the same time ensuring that the space is ventilated as well as hindering the formation of condensation and preventing overheating by the sun. The corridor becomes, as if almost by chance, a pleasant place, the view of the Voest and the history of its built development from this priviliged position can be highly recommended.

Offene Parketagen Open parking levels

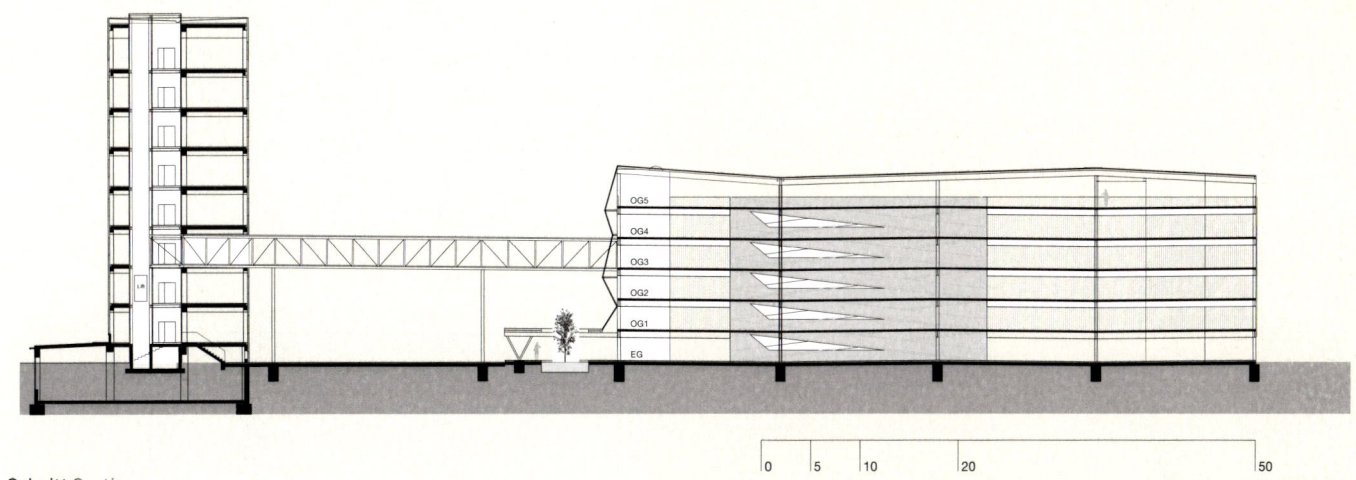

Schnitt Section

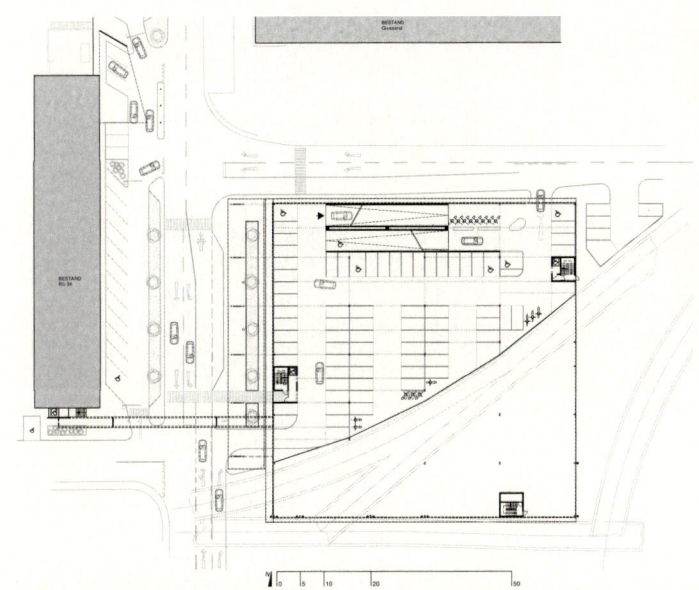

Außenanlagen Exterior facilities

Grundriss 1. Obergeschoß First floor plan

PARKHAUS voestalpine
Linz/Oberösterreich, Werksgelände voestalpine

Bauherr client:
voestalpine Stahl GmbH, Linz

Generalunternehmer building
contractor:
ARGE Dywidag & Alpine Bau

Planung planning:
xarchitekten &
Wernly+Wischenbart+Partner

Projektleitung project manager:
Max Nirnberger, Rudolf Wernly,
Christian Weismayr

Mitarbeiter assistance:
Michael Hager, Alexander Brein-
bauer, Henning Grahn

Statik structural consultant:
Wernly+Wischenbart+Partner

Fassaden/Dach facade/roof:
Filzmaier Bedachungen & Speng-
lerei, Steinhaus

Mauerwerk masonry:
ARGE Dywidag & Alpine Bau

Fenster windows:
Ecker Alukonstruktionen, Enger-
witzdorf

Türen doors:
Kreuzroither Metallbau,
Schörfling

Stahlbau steel structure:
Haslinger Stahlbau, Feldkirchen

Stahlseilsystem steel wire rope
system:
Carl Stahl GmbH, Bezau

Elektroinstallationen electrical
services:
Hainzl Industriesysteme, Linz

Aufzug elevators:
Otis GmbH, Linz

Böden flooring:
Erfurth, Ansfelden

94 Stahl & Alu

astearchitecture

Gipfelplattform Top of Tyrol – Am Großen Isidor gelandet
Mountain-top platform Top of Tyrol – Landed on the Großer Isidor [▸p.97]

Photos astearchitecture
Text Edith Schlocker

Nutzfläche
floor area:
60 m²

Seehöhe above
sea level:
3.200 m

Planungsbeginn
start of planning:
6/2007

Baubeginn start
of construction:
5/2008

Fertigstellung
completion:
8/2008

Baukosten netto
net building costs:
300.000,– EUR

Architektur als Gratwanderung
Architecture as a tight-rope artist

Stahl & Alu

astearchitecture

Die Luft ist dünn am Großen Isidor, die Aussicht grandios. Was bis zum vergangenen Jahr nur dem geübten Kletterer nach schweißtreibendem Aufstieg vergönnt war, ist nun auch für den Halbschuhtouristen ein Kinderspiel.

Präzision der Piloten Das Innsbrucker Büro astearchitecture (Kathrin Aste und Frank Ludin) hat die Gipfelplattform Top of Tyrol sozusagen als Tüpfelchen auf dem I auf den rund 3.200 Meter hohen Großen Isidor, den zentralen Gipfel des touristisch im Sommer genauso wie im Winter attraktiven Stubaier Gletscher gesetzt. Als monumentales Zeichen menschlicher Präsenz im ewigen Schnee, wo die Architektur zum Gratwandler mutiert. Und der Natur, so urgewaltig sie in dieser Höhe auch sein mag, noch eins draufsetzt, sie in elegantem Schwung künstlich fortsetzt, sich über sie hinauswagt.

Hier oben ist praktisch das ganze Jahr über Winter. Wo im kurzen Sommer kein Schnee liegt, ist das Gestein brüchig, schiefrig grau bis rostig rot, dem menschlichen Fuß kaum Halt gebend. Weshalb der kurze Aufstieg zur Plattform über unzählige Stufen gelenkt wird, die allerdings nicht in den Stein hineingeschlagen sind, sondern aus Stahl geformt und in mächtigen Tragwerken verankert fast wie schwebend über diesen hinwegführen. Um schließlich nach einem kurzen Stück Weges, der über natürliches Gelände führt, auf der eigentlichen Plattform anzukommen. Diese scheint wie das elegante Flugobjekt Außerirdischer auf dem Großen Isidor gelandet zu sein. In Wirklichkeit wurde die Konstruktion aus 19 Tonnen Stahl, 60 Quadratmetern Gitterrost und 50 Metern hölzernem Handlauf im Tal gefertigt und in 20 Flügen per Hubschrauber auf den Berg gebracht. Eine große Herausforderung für Architekten wie Techniker, mussten die einzelnen Bauteile doch an die Lastengrenze des Hubschraubers mit rund 1200 Kilogramm pro Flug angepasst werden und in höchsten Maß perfektioniert sein, um die Montage vor Ort möglichst reibungsfrei zu gestalten. Was nicht zuletzt wegen der klimatischen Bedingungen im heurigen Frühjahr alles andere als ein Kinderspiel war. Eine unglaubliche Präzision der Piloten sei die Voraussetzung, dass so eine heikle Aktion gelinge, so Frank Ludin. Aber nach drei Tagen war die Plattform montiert.

Schweben über dem Abgrund Sie ist eine Konstruktion aus wetterfestem Cortenstahl, der sich vor Korrosion selbst mit Rost schützt. Dieser löst sich auch nicht wie „normaler" Rost langsam, die Substanz nach und nach selbst zerstörend ab, sondern überzieht die Oberfläche mit einer schützenden, wunderbar rotbraunen Haut. Im Sommer farblich reizvoll korrespondierend mit der Farbe des sehr eisenhaltigen Gesteins am Großen Isidor, während der Rost im Winter – wenn das Bauwerk bis auf die eigentliche Aussichtsplattform total in den Schnee eingetaucht ist – einen effektvollen Gegensatz zum

19 Tonnen Stahl ermöglichen den bequemen Aufstieg 19 tons of steel enable comfortable access

Weiß des gefrorenen Nass sowie dem verzinkten Stahl bildet, der die touristische Infrastruktur des umliegenden Skigebiet dominiert. Natur, wenn auch zum Teil vom Menschen gebildete, tritt auf diese Weise in Konkurrenz mit deren Pervertierung, am Stubaier Gletscher in der Form unzähliger Aufstiegshilfen für den, der selbst im Sommer skifahren muss.

Konstruktiv ist das Tragwerk der Plattform als verzerrter Trägerrost konzipiert. Die sechs gekrümmten, zu beiden Seiten des Grats weit auskragenden bzw. ausladenden stählernen Schwerter sind als Kastenträger mit dreieckigem Querschnitt konzipiert. Jeweils mit zwei je 14 Meter langen betonierten Ankern tief im Felsen verankert. Die elegant geschwungene eigentliche Plattform besteht aus fragilen Gitterrosten. Diese werden durch den Besucher leicht zum Schwingen gebracht, was das für manche sicher unheimliche, für andere faszinierende Gefühl des Schwebens über dem Abgrund noch verstärkt. Umgeben ist die Plattform von einem monolithisch aus Edelstahlnetz gearbeiteten, leicht nach außen gestellten Geländer mit einem den Schwung der Konstruktion noch akzentuierenden Handlauf aus Lärchenholz. Aus diesem ist auch die im Zentrum der Plattform stehende Sitzbank gearbeitet, von der aus sich das grandiose 360°-Panorama am Großen Isidor wohl am besten genießen lässt.

On the Großer Isidor the air is thin. But now what until last year was a prize reserved for skilled climbers after an arduous ascent, is now child's play for tourists, even those wearing just light shoes.

Precision on the part of the pilots This has been the case ever since the Innsbruck office of astearchitecture (Kathrin Aste and Frank Ludin) placed the mountain platform Top of Tyrol, as the dot on the I so to speak, on top of the Großer Isidor, a mountain about 3200 metres high and the central peak of the Stubai glacier, a popular tourist attraction in both winter and summer. This platform is a monumental sign of human presence in the permanent snow, where architecture mutates to a tight-rope artist. Despite how elementary and primal nature may seem at this great height, the platform adds something to it, continuing it artificially with an elegant curve, venturing out beyond it. Up here it is almost always winter. At those places where, during the short summer, no snow lies the rock is fissured, broken up, slate grey to rust red in colour, and offers little foot-hold. Which is why the short ascent to the platform takes the form of innumerable steps, which have not been cut

Scwingender Gitterrost Vibrating metal gratings

98 Stahl & Alu

astearchitecture

1-2
Sechs Stahlschwerter als Kastenträger Six steel fins as box girders

3
Heli-Montage

Hovering over the abyss The structure is made of weather-resistant Corten steel that protects itself against corrosion by acquiring a coat of rust. This does not slowly disintegrate the material like "normal" rust but spreads a wonderful protective red-brown skin across the surface. In summer it is a delightful shade that corresponds with the colour of the rock on the Großer Isidor (which has a high iron content), whereas during the winter – when, apart from the viewing platform, the building is totally embedded in snow – the rust provides an effective contrast to the white of the frozen surroundings and to the galvanised steel that dominates the tourism infrastructure of the surrounding ski region. Nature, although in part formed by man, in this way enters into competition its own perverse misuse, represented on the Stubai glacier by the innumerable means of ascending the mountain for those who insist on skiing even during the summer. In terms of construction the structure of the platform is conceived as a skewed grid of beams. The six curved steel fins that cantilever or overhang on either side of the ridge are box girders with a triangular cross-section. Each is anchored deep in the rock by two 14-metre-long anchor bolts. The elegantly curved platform itself consists of fragile metal gratings. The visitors make them vibrate slightly creating a feeling of hovering over the abyss, which although slightly terrifying for some, is utterly fascinating for others. The platform is surrounded by a monolithic railing made of stainless steel mesh with uprights positioned slightly outside and a larch handrail that further accentuates the curve of the structure. At the centre of the platform the handrail develops into a bench, perhaps the best point from which to enjoy the magnificent 360° panorama on the Großer Isidor.

into the stone but are made of steel and anchored in powerful structures over which they lead, seeming almost to hover. Finally, after a short path across the natural terrain you arrive at the platform itself. It looks like an elegant flying object from outer space that has landed on the Großer Isidor. In fact the structure was made of 19 tonnes of steel, 60 square metres of metal grating and 50 metres of wooden handrail, put together in the valley and transported to the mountain in 20 helicopter flights. A great challenge for both architects and technicians, as the individual building parts had to be adapted to suit the maximum load that can be carried by the helicopter – around 1200 kilograms per flight – and also had to be perfected to the ultimate degree so that assembly on site would offer as few difficulties as possible. Due to the prevailing climatic conditions in spring of this year this was anything but child's play. An incredible precision on the part of the pilots is a precondition for successfully carrying out such a tricky enterprise, Frank Ludin explains. But the platform was fixed in position within only three days.

3

1
Axonometrie Axonometry

2
Bodenplatte Floor plate

3
Explosions-Axonometrie Exploded axonometry

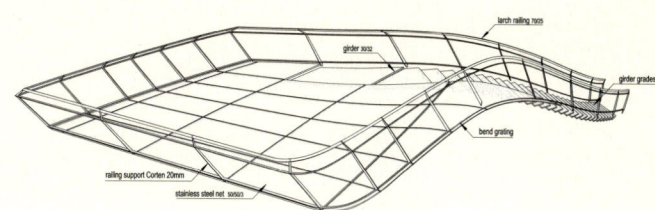

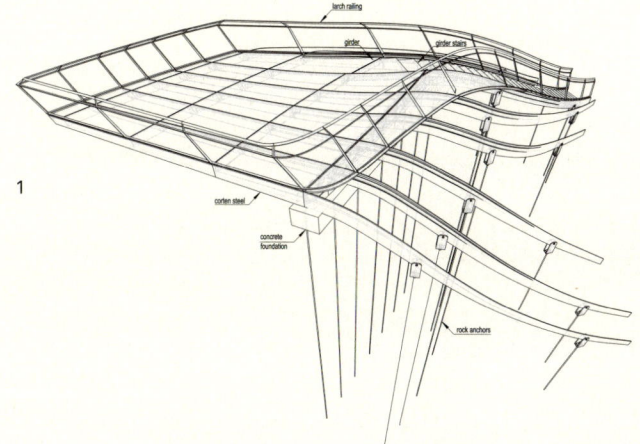

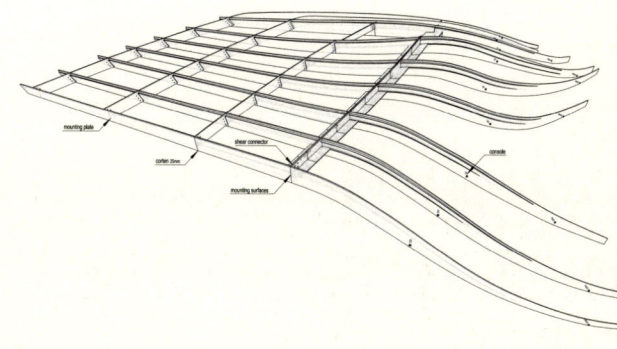

1

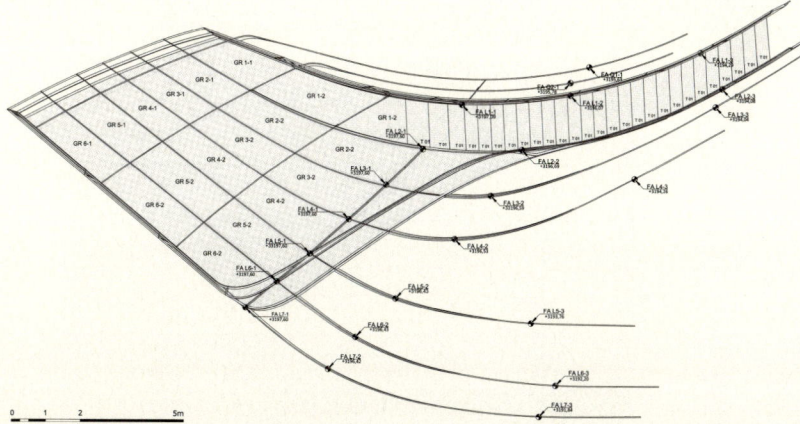

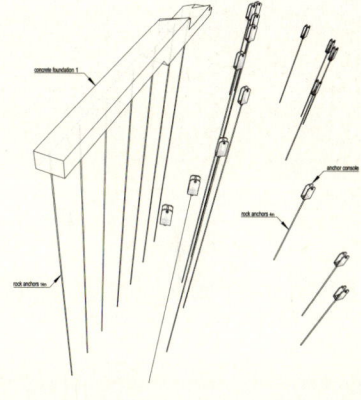

2

3

Top of Tyrol Berg Isidor/Austria, Stubaier Gletscher	**Bauherr** client: Wintersport Tirol AG & Co, Stubaier Bergbahnen KG	**Statik** structural consultant: aste Konstruktion; Christian Aste, Thomas Weissteiner	**Spezialtiefbau** underground engineering: Felbermayr Bau GmbH & Co KG, Stams
	Planung planning: astearchitecture – Kathrin Aste, Frank Ludin	**Bodenmechanik** soil mechanics engineer: IBW Ingenieurbüro Bernhard Wietek, Sistrans	**Zimmerer** joiner: Zimmerei Haas, Neustift
	Projektleitung project manager: Frank Ludin	**Stahlbau** steel structure: Bitschnau GmbH, Nenzing	**Hubschrauber** helicopter: Heli Tirol, St. Johann im Pongau
	Mitarbeiter assistance: Thomas Feuerstein	**Metallbau** metal works: Raggl Metallbau, Völs	

Obermoser arch-omo

Bürgergarten Innsbruck – Vier ungleiche Geschwister
Bürgergarten Innsbruck – Four dissimilar siblings [▶p.106]

Photos Henning Koepke
Text Edith Schlocker

Grundstücksfläche site area: 14.010 m²	Bebaute Fläche built-up area: 8.115 m²	Planungsbeginn start of planning: 1/2005	Fertigstellung completion: 4/2009	Kosten pro m² cost per m²: 1.500,– EUR
Nutzfläche floor area: 29.000 m²	Umbauter Raum cubage: 200.000 m³	Baubeginn start of construction: 4/2006	Baukosten building costs: 43,5 Mio EUR	

Campus mit vielerlei Gesichtern: Stahl/Glas ...
A campus with various faces: steel/glass ...

Der von Hans Obermoser geplante Innsbrucker Bürgergarten ist eine Diva, die sich nach außen abweisend spröd gibt, um erst im Inneren nach und nach ihren Charme zu offenbaren.

Das pure Leben Wo früher edler Gerstensaft gebraut wurde, dann jahrelang gar nichts passiert ist, pulsiert nun das pure Leben. Seit sich das ehemalige Innsbrucker Bürgerbräu zum Bürgergarten verwandelt hat, in dem rund 1500 Menschen arbeiten, tausende in dem „Gesundheits- und Sozialzentrum Tirol" täglich ein- und ausgehen, rund 200 hoch oben unter den Dächern wohnen.
Architekt des Bürgergartens ist Hans Obermoser, der den vom Bauträger BOE im Herbst 2004 ausgelobten Wettbewerb für die Neubebauung des etwas mehr als 14.000 Quadratmeter großen ehemaligen Brauereiareals gewonnen hat. Das zwar ideal zentrums- und bahnhofsnah gelegen ist, aber auch direkt neben dem Bahnviadukt, in dessen Bögen sich in den vergangenen Jahren eine laute Gastro- und Barszene eingenistet hat. Mit allen positiven wie negativen Begleiterscheinungen inklusive Vandalismus, mit der Konsequenz, dass der Eingang zum neuen Stadtquartier abends ab 10 Uhr verrammelt werden muss.

Vierteiliges Stadtquartier Der Spatenstich für den Bürgergarten fand im April 2006 statt, drei Jahre später war das gemischt nutzbare Projekt mit 29.000 Quadratmetern Nutzfläche bzw. 200.000 Kubikmeter umbautem Raum fertig. Konzipiert als ein aus vier markanten Baukörpern gebildetes Quartier, dessen drei „Eingänge" jeweils durch eine – hoffentlich schnell wachsende – Platane markiert werden.
Städtebaulich füllt der neue Bürgergarten eine Lücke. Schafft eine fußläufige Verbindung zwischen Rapoldi- und Sillpark über die Schulhöfe von Sill- und Angerzellgasse und durch den alten Botanischen Garten hin zum altstädtischen Franziskanerplatz.
Obermosers Bürgergarten ist allerdings eine Diva, die sich auf einen ersten Blick abweisend spröd gibt, um erst nach und nach ihren Charme auszuspielen. Ist die parallel zum Bahnviadukt gestellte „Visitenkarte" des Projekts doch ein mächtiger, rund 160 Meter langer Riegel, dessen Länge durch horizontale Sichtbetonachsen noch akzentuiert ist. Sein vier Geschoße einnehmender, winkelförmiger Sockelbaukörper ist asymmetrisch geteilt und von der Straße zurückversetzt, was den öffentlichen Raum großzügig erweitert und gleichzeitig eine wettergeschützte Erschließung dieses stark frequentierten Bauteils ermöglicht, in dem u.a. das Amt für Jugend- und Wohlfahrt untergebracht ist. Der Servicebereich ist im Erdgeschoß situiert, von Obermoser gedacht als nach außen Offenheit und Transparenz suggerierender Bereich, in dem als Material Glas dominiert. In der Praxis allerdings von den Nutzern in kürzester Zeit mehr oder weniger professionell blickdicht gemacht.

Kühne Auskragung Fast wie schwebend hat Obermoser den zweiten Teil dieses Baukörpers, der zur Straße hin kühn auskragt, auf diesen Sockel gesetzt. Während unten gearbeitet wird, wird hier oben gewohnt. Und was angesichts der Bahn als direktes vis-a-vis nicht wirklich einladend erscheint, ist in Wirklichkeit alles andere als schlecht. Dank Lärmschutzfassaden, hinter denen sich auch die über Laubengänge erschlossenen Wohnungen und ihre in den Baukörper hineingeschnittenen Atrien durchaus lustvoll genießen lassen. Durch einen winkelförmigen Sockelbaukörper mit dem straßenseitigen Riegel verbunden ist der westlich von diesem situierte markante BFI-Turm. Sein Zentrum ist eine großzügige dreigeschoßige, von oben belichtete Halle, um die herum die rund 40 Schulungsräume bzw. in den zwei obersten Geschoßen Büros untergebracht sind. Eine lauschige Dachterrasse im dritten Stock lädt zum Entspannen ein.

Fabelhafte Ausblicke Und auch die weiteren zwei Stadtblöcke funktionieren ähnlich. In den unteren Zonen sind Servicebereiche eingerichtet, darüber Büros und unter dem Dach Wohnungen. Die in den Stadtblöcken äußerst großzügig ausfallen. Oft als Maisonetten bzw. Lofts angelegt sind inklusive schöner Dachterrassen mit fabelhaften Ausblicken auf die Innsbrucker Dächerlandschaft bzw. die umgebende Bergwelt. Innen und Außen gehen aber auch in den reinen Bürotrakten in der Form teilweise dreigeschoßiger, natürlich belüfteter und durch Oberlichten belichteter Atrien ineinander über.

Vier Geschwister Pure Materialien wie Sichtbeton, Leichtmetall und Glas bestimmen das Flair der äußeren Schale des Innsbrucker Bürgergartens. Während in den intimen inneren Zonen Holz dominiert, in den Atrien genauso wie in den Wohnungen und deren Terrassen. Die Größe der umbauten Kubatur des Bürgergartens durch architektonische Heterogenität zu relativieren, war Hans Obermoser wichtig. Das Ergebnis sind vier Gebäude, die wie Geschwister anmuten, die sich zwar gleichen, aber durchaus individuellen Charakter besitzen. So hat Obermoser dem BFI-Gebäude etwa eine aus horizontalen und vertikalen Elementen rhythmisch verschränkte Fassade vorgehängt, die zeigt, wie leicht Beton sein kann. Zarte, dunkel getönte Leichtmetallmodule geben dagegen dem Gebäude gegenüber sein markantes Gesicht, das sich wieder total von dem des vierten Baukörpers unterscheidet, das aus hellen, vertikal verzahnten Sichtbetonrechtecken – die mit den Fenster ein reizvoll versetztes geometrisches Muster ergeben – gebildet wird.

Kirschgarten Zwischen den einzelnen Bauteile wurden für die Sinne wohltuend grüne Inseln angelegt. In der Form purer Rasenflächen, aber auch als kleiner Hain aus Kirschen-

... und Stein   ... and stone

bäumen und einem blau leuchtenden Lavendelfeld. Noch Zukunftsmusik ist die Begrünung der benachbarten Feuermauern.

Energieeffizienz groß geschrieben Ein wichtiger Faktor des Innsbrucker Bürgergartens war es für Hans Obermoser, die Gebäude in Bezug auf Energiehaushalt und Energieeffizienz optimal zu konzipieren. Die Raumkühlung funktioniert durch Betonkernaktivierung mit Grundwasser als Kühlmedium. Dazu wurden Rohrregister in die Betondecken eingelegt, durch die vom Grundwasser gekühltes Wasser zirkuliert, wodurch die Raumtemperatur um zwei bis drei Grad abgesenkt wird. Im Winter wird die Betonkernaktivierung – vergleichbar einer Fußbodenheizung – auch für Heizzwecke genutzt. Dabei wird das in den Rohrregistern zirkulierende Wasser im Wärmetauscher erwärmt, wodurch von den Betondecken eine Wärmeabstrahlung erfolgt. Die besonders in der Übergangszeit einen Großteil des Heizbedarfs abdeckt. Nicht zuletzt um den Bürgergarten möglichst energieeffizient zu gestalten, wurden die einzelnen Baukörper so kompakt wie möglich und mit überdachten Atrien als temperierten Pufferräumen zwischen Innen und Außen angelegt. Und um den Wärmeeintrag im Sommer bzw. den Wärmeverlust im Winter zu minimieren, sind sämtliche Fassaden mit außenliegenden Raffstores ausgestattet.

1-2
Eine Wand zur Straße und zum Gleis A wall facing street and railway

Typ Atriumhaus Atrium type

Project

The Bürgergarten in Innsbruck, designed by Hans Obermoser, is something of a diva that remains outwardly rather cool and stand-offish and only gradually reveals its true charm inside.

Obermoser arch-omo

Dach-Maisonetten Two level rooftop apartments

Pure life Where once the finest beer was brewed (and subsequently nothing happened for years) life now pulsates in its purest form. This has been the case ever since the former Innsbruck Bürgerbräu (brewery) was transformed into the Bürgergarten, in which around 1500 people work, thousands enter and leave the Tyrol Health and Social Centre daily, and around 200 reside high up, beneath the roofs.
The architect of the Bürgergarten was Hans Obermoser, who in autumn 2004 won the competition set up by the developer BOE for the redevelopment of the former brewery site that measures more than 14,000 square metres. This site is ideally close to the city centre and the railway station but directly beside a railway viaduct. Noisy bars and clubs have established themselves in the arches of this viaduct over the last few years – with all the accompanying phenomena, both positive and negative (including vandalism), the result is that the entrance to the new urban district must be barricaded at 10 in the evening.

Four-part urban district The ground-breaking ceremony for the Bürgergarten took place in April 2006, three years later the mixed-use project with 29,000 square metres usable floor area and a volume of 200,000 cubic metres was ready. It was designed as a district formed out of four striking buildings, whose three 'entrances' are each marked by a plane tree (that hopefully will mature rapidly).

Blickregie Directed view

In urban terms the new Bürgergarten fills a gap. It creates a pedestrian connection between Rapoldipark and Sillpark through the schoolyards on Sillgasse and Angerzellgasse and through the old Botanical Gardens to the Franziskanerplatz in the old town.
However Obermoser's Bürgergarten is something of a diva that at first glance seems cool and stand-offish, and only gradually reveals its charms. The 'visiting card' of this project is a mighty slab around 160 metres long placed parallel to the railway viaduct whose length is further accentuated by horizontal exposed concrete axes. Its engaging four-storey L-shaped plinth is divided asymmetrically and set back from the street, which generously expands public space while at the same time providing protection against the weather for those visiting this much-frequented building, which houses (among other facilities) the Office for Youth and Welfare. The service area of this public service is on the ground floor of the building, and Obermoser interpreted it using glass as the dominant material so that would outwardly suggest openness

© SpringerWienNewYork

and transparency. In practice the users very quickly made it more or less professionally opaque.

Daring cantilever Obermoser placed the second part of this building, which daringly projects towards the street, on the plinth in such a way that it almost hovers. While work is carried out below, the upper levels offer residential accommodation. Given the fact that the railway is directly opposite this may not seem exactly an inviting place to live but in fact is anything but bad. This is thanks to noise protection walls, behind which the apartments (reached from access decks) and the atriums cut into the volume can be enjoyed in peace.

The striking BFI Tower situated to the west is connected with the street-side slab by an L-shaped plinth. Its centre is formed by a generously sized, top-lit three-storey hall around which about 40 training rooms and, on the two top floors, offices are arranged. A cosy terrace on the third floor invites you to relax.

Terrasse bei Dachgeschoßwohnungen Roof terrace

Dachgeschoß-Luxus Rooftop luxury

Obermoser arch-omo

Fabulous views The other two city blocks are planned in a similar way. Service areas occupy the lower zones, above them are offices and, directly below the roof, apartments. The dwellings in the city blocks are particularly spacious. Many are laid out as maisonettes or lofts with beautiful roof terraces offering fabulous views of the rooftops of Innsbruck and the mountains surrounding the city. Indoors and outdoors lead one into the other (also in the areas used just for offices) in the form of naturally ventilated, top-lit atriums that are three-storey in part.

Four siblings Pure materials such as exposed concrete, light metal and glass produce the flair of the external envelope of the Innsbruck Bürgergarten, whereas wood tends to dominate in the intimate inner zones, in the atriums and in the apartments and their terraces. Hans Obermoser regarded it as important to reduce the apparent volume of the Bürgergarten by employing architectural heterogeneity. The result is four buildings that seem like siblings; while clearly related, each of them has a very different character. For example Obermoser gave the BFI buildings a front hung facade of rhythmically interlocking horizontal and vertical elements that shows just how light concrete can be. Delicate, dark-coloured light metal modules give the building opposite its striking appearance that in turn differs totally from that of the fourth building, which is made of light-coloured, vertically interlocking exposed concrete rectangles, which together with the windows produced an attractively staggered pattern.

Cherry orchard Green islands were laid out between the individual buildings to engage the senses. Some are just purely lawns, others include a small orchard of cherry trees or a field of lavender that glows with colour. The planting of the neighbouring fire wall will be carried sometime in the future.

Importance attached to energy efficiency For Hans Obermoser an important concern in the design of the Innsbruck Bürgergarten was to optimise the building in terms of energy use and efficiency. The spaces are cooled by thermally activating the concrete core, using ground water as a cooling medium. To achieve this a network of piping was laid in the concrete ceiling slabs. Ground water circulates through this network, which lowers the room temperature by two to three degrees. In winter the activating of the concrete core – comparable with underfloor heating – is also used for heating purposes. The water that circulates through the pipework is warmed in a heat exchanger which means that the concrete slabs radiate heat. Particularly in the transitional periods of the year this system meets a major part of the heating requirements.
To achieve maximum energy efficiency in the Bürgergarten the individual volumes were kept as compact as possible and were given roofed atriums that function as temperature buffers between inside and outside. To minimise heat gain in summer and heat loss in winter all the facades have external blinds.

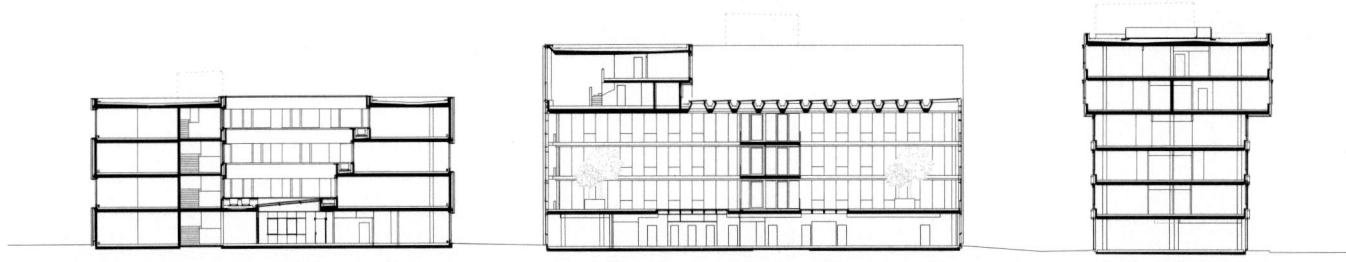

Schnitt durch die Gesamtanlage Section through entire complex

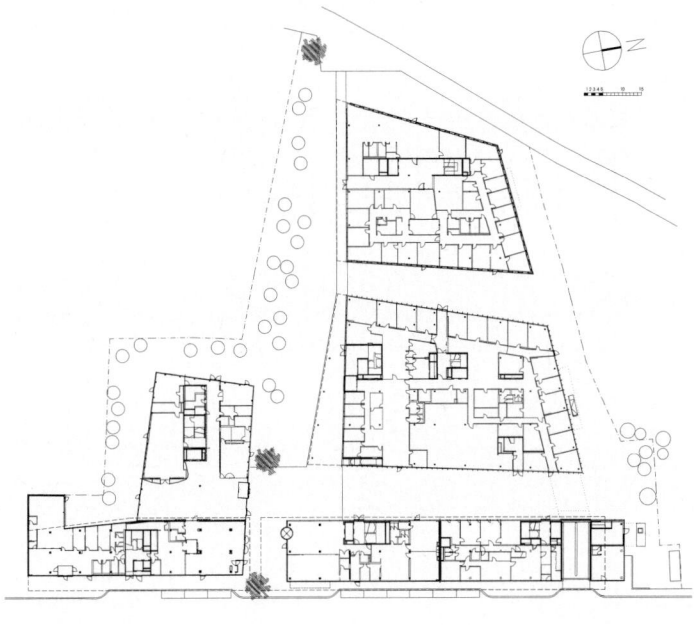

Erdgeschoß-Grundriss Ground floor plan

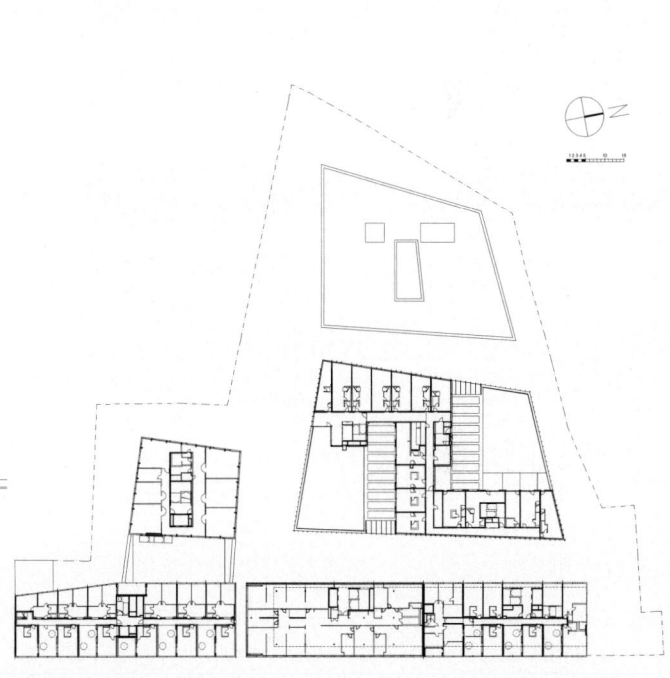

Obergeschoß Upper level

Bürgergarten
Innsbruck/Österreich, Ing. Etzel-Straße 5-17

Bauherr client:
BOE Baumanagement GmbH

Planung planning:
Obermoser arch-omo

Projektleitung project manager:
Thomas Gasser

Mitarbeiter assistance:
Michael Ploner, Klaus Lausecker, Robert Wibmer, Wolfgang Juen, Georg Webhofer, Monica Sferch, Andreas Ried, Andreas Schennach

Statik structural consultant:
ZSZ Ingenieure ZT GmbH

Elektroplanung electrical concept:
Eidelpes Elektrotechnik GmbH

Heizung/Lüftung/Sanitär-Planung heating/ventilation/sanitation concept:
Wagner & Partner ZT GmbH

Fassaden facade:
Kreuzroither; Lang

Dach roof:
Günther; Tectum

Fenster windows:
Kreuzroither; Kröpfl

Innentüren interior doors:
Huter

Sonnenschutz sun protection:
Ennemoser

Aufzug elevators:
Schindler

Markus Pernthaler

Wohn- und Bürohaus „Rondo" in Graz – Ein Haus, das alles kann 'Rondo' office and apartment building in Graz – A building that can do it all [▶p.116]

Text Matthias Boeckl
Photos Paul Ott

Grundstücksfläche site area: 7.660 m²	Bebaute Fläche built-up area: 3.905 m²	Planungsbeginn start of planning: 2003	Fertigstellung completion: 2008
Nutzfläche floor area: 13.299 m²	Umbauter Raum cubage: 54.227 m³	Baubeginn start of construction: 2005	Baukosten building costs: ca. 25 Mio EUR

Zweite Gebäudehaut: Schutz vor Immissionen aller Art The building's second skin: protection against various pollutants

Markus Pernthaler

1

> Der Architekt als Developer – diese Rolle ist für den mitteleuropäischen Architekturbetrieb noch eine ungewohnte. Markus Pernthaler zeigt, dass sie mit Engagement und Initiative erfolgreich gelebt werden kann.

Entwickeln statt bloß planen Das Quartier um den Grazer Volksgarten zählte traditionell nicht zu den feinsten von Graz. In der Westhälfte der Stadt, jenseits der Mur und gegenüber von Altstadt und Schlossberg, liegt der Bahnhof, das Gebiet ist von Gewerbe, Einwanderern und billigen Vergnügungen geprägt. Zum Gewerbe gehörte auch die Mühle des stadtbekannten Bäckers Sorger, die am Rande des Volksgartens stand und von einem quer durch den Park offen verlaufenden Mühlwasserkanal angetrieben wurde. 1928 kam ein kleines Kraftwerk dazu, das bis heute 1,8 Mio. kWh Strom pro Jahr liefert. Auf der Liegenschaft ließ der Kunst- und Architekturfreund Sorger auch einen wenig bekannten, aber immer noch erhaltenen Gartenpavillon von Herbert Eichholzer errichten, einem ehemaligen Mitarbeiter von Le Corbusier. Eichholzer war die Zentralfigur der Moderne in der Steiermark und wurde später zu einem prominenten Opfer des NS-Regimes. Für Markus Pernthaler, der bislang vor allem mit Schulen, Infrastrukturbauten und Krankenhäusern reüssierte, also mit Großprojekten viel Erfahrung sammel-

2

te, bot diese zuletzt brachliegende Liegenschaft ausreichend Motivation, mit einem selbst entwickelten Projekt aktuelle Möglichkeiten des Stadthauses zu demonstrieren. Im Gegensatz zu Wien scheint in Graz überhaupt ein gewisser Unternehmergeist zu wehen. Architektengruppen wie Innocad und Pentaplan haben sich ebenfalls zum Selbst-Development entschlossen, um der Bevormundung durch eingesessene Bauträger zu entkommen.

Intelligente Gebäudehülle Das Programm und die Baumassenverteilung ergaben sich fast von selbst. Das dreieckförmige Grundstück sollte an zwei Flanken dicht bebaut werden, während die dritte Seite, die direkt an den Grünraum des Volksgartens grenzt, naturgemäß offen bleiben sollte. So ergab es sich, dass der Innenhof zwischen den beiden Bautrakten als ruhiger Grünraum ausgebildet werden und direkt

1-2
Fassade am Marienplatz
Marienplatz facade

3
Polycarbonatwand gegen Straßenlärm A wall of polycarbonate against the noise

in den Park übergehen konnte. Das alte Kraftwerk sollte in den Winkel zwischen den beiden Trakten integriert werden, der offene Mühlwasserkanal den Komplex als Mittelachse der Länge nach durchschneiden. Der Architekt-Developer konnte als Partner für das Projekt den gemeinnützigen Bauträger ÖWG gewinnen, der in der Steiermark zu den wichtigen Playern im Wohnbau zählt.

Markus Pernthaler steht – wie viele Grazer Architekten – für eine betont technoide Formensprache. Seine Erfahrungen in Japan haben ihn aber gelehrt, dass es intelligenter statt roher Technik bedarf, um alte Städte erfolgreich mit neuen Funktionen anzureichern. Es gilt, die richtige Balance zwischen signalhafter Technik-Demonstration und subtilen Wirkungen zu halten, die erst auf den zweiten Blick und in der alltäglichen Nutzung ihre Effizienz beweisen. Das offensichtlichste Beispiel dieser gelungenen Balance ist das Erschließungssystem des bummerangförmigen Hauses. Der intensive Straßenlärm von Keplerstraße und Hans Resel-Gasse machte klar, dass die gesamte Erschließung des Gebäudes an der Straßenseite liegen und die Mehrzahl der Wohnungen und Büros auf den Innenhof orientiert sein musste. Pernthaler erweiterte diesen Ansatz, indem er eine großzügige Raumzone zwischen Straßenfassade und dem eigentlichen Gebäude definierte. Dort platzierte er nicht nur eine vielgestaltige Laubengangerschließung für die Wohnungen, sondern eine regelrechte kleine Parklandschaft mit angenehmen Hofsituationen, zahlreichen Gewächsen und Terrassen für die Büros im Erdgeschoß. Da diese großzügige und poetische Zwischenzone natürlich gegen Wind und Straßenlärm geschützt werden musste, entwarf Pernthaler eine gebäudehohe, den gesamten Komplex außen umhüllende Polycarbonatwand. Diese transluzide und schalldämmende Membran besteht aus langen und schlanken Vertikal-Elementen in vorgeschriebener Brandschutzqualität. Die aktuelle Teilung und Montage der Elemente entstand aus der Erfahrung eines außergewöhnlichen Sturmereignisses, das mit Lasten weit jenseits der lokalen Norm das ursprüngliche System überfordert und die Fassade zerstört hatte. Nach oben hin ist der Raum zwischen dieser Wand und dem Haus offen, nur die Zugänge sind mit Vordächern ausgestattet.

Quartier-Aufwertung Die innere Konstruktion des Kopfbaus am Marienplatz besteht aus einem viergeschoßigen Betonfachwerk, mit dem der Mühlgang überbrückt wird. Dort liegen über fünf Geschoße Café und Shop, Dienstleistungsflächen und Künstlerateliers. Neben und über den Büros und Ateliers gibt es insgesamt 66 Wohneinheiten zwischen jeweils ca. 90 und 200 Quadratmetern Größe. Diese Dimensionen weisen auch auf die soziologische Komponente für das Stadtquartier hin: „Die Wohnungsgrößen sind ein Statement", sagt Pernthaler und meint damit, dass hier ein selbstbewusstes, oft aus dem Kreativbereich stammendes Klientel einzog und so den Bezirk deutlich aufwertete. Die Intention eines kreativen Dienstleistungszentrums konnte realisiert werden: Neben Architekturbüros sind hier die Creative Industries Styria, ein Institut für Kunst im öffentlichen Raum, Künstlerateliers sowie Büros der renommierten Grazer Motorenschmiede AVL angesiedelt.

Das Grundsystem der Funktionen im Haus zeigt auf den untersten zwei Ebenen „Arbeit", darüber drei Ebenen mit Geschoßwohnungen, dann eine Lage Maisonetten und schließlich die Dachgeschoßwohnungen, die mit großzügigen Terrassen ausgestattet sind und herrliche Blicke über die Grazer Skyline bieten. Die Autos der Nutzer werden in Garagen mit Stapelanlagen untergebracht.

Ohne Kunst geht's nicht Trotz des umfangreichen Raumprogramms und einer Dichte von 2,4 wirkt die Gesamtanlage nicht beengend. Das hat sie vielleicht auch den spezifischen Reizen der Gartenlandschaft zwischen den beiden Trakten zu verdanken. Der Mühlbach und die Rasenflächen an seinen Ufern vermitteln eine eigenartige Stimmung zwischen ländlichem Idyll und Großstadtfeeling, das sich durch den sehr urbanen Stil der inneren Fassaden einstellt. Auch an

hier vom Künstlerpaar Hannes und Petruschka Vogel geliefert wurden – Zeitlinien und Daten zur Geschichte des Orts werden so erlebbar gemacht und formen den Platz um die alte Mariensäule. Pernthaler hat hier schon das nächste Projekt in Arbeit: Ein Nebenhaus am Marienplatz soll aufgestockt werden, Pernthaler will es zu einer siebengeschoßigen, schmalen Cortenstahl-Nadel umformulieren. Zweifellos ein weiteres Kunst-Objekt, auf das man sich freuen kann.

1
Zugang zur automatischen Garage
Access to the car-parking system

2-3
Kontemplative Erschließung
A contemplative approach

der Außenseite des Komplexes gibt es viel zu sehen. Die Spitze des Hauses ist abgerundet und bildet die Rückwand des idyllischen kleinen Marienplatzes, der auf der anderen Seite direkt an die weniger idyllische Keplerstraße grenzt, eine Hauptverkehrsader der Stadt. Im „Rondo", wie Pernthalers Haus sich nun nennt, gibt es ein kleines Restaurant mit Gartenbetrieb am Platz, was für Nutzbarkeit des öffentlichen Raums sorgt. Pernthaler legt auch großen Wert auf Kunstinterventionen, die

116 Project

The architect as developer – for the central European architecture business this is still an unfamiliar role. Markus Pernthaler shows that, given commitment and initiative, it is one that can be played successfully.

Developing, rather than just planning The area around the Volksgarten in Graz was traditionally not among the city's finest. The western half of the town, on the far side of the River Mur and opposite the old town and the Schlossberg, is the location of the railway station, the area is dominated by businesses, immigrants and cheap entertainment. The commercial premises included the old mill of the well-known Sorger bakery, which stood on the edge of the Volksgarten and was powered by a mill race that runs right through the park. In 1928 a small power station was added that today produces 1.8 million kWh of electricity per year. Sorger, who was keenly interested in the arts and architecture, had a garden pavilion (not well known but still in existence) erected by Herbert Eichholzer, who once worked for Le Corbusier. Eichholzer was a central figure of modernism in Styria and later a prominent victim of the Nazi regime. For Markus Pernthaler, who so far has achieved his successes primarily in the areas of schools, infra-structure buildings and hospitals and consequently has acquired a great deal of experience with large projects, this property, which had lain unused for some time, offered sufficient motivation to demonstrate the current possibilities of an urban building, in a project where he was the developer. In contrast to Vienna there seems to exist a certain enterprising spirit in Graz. Architect's practices such as Innocad and Pentaplan have also decided to develop projects themselves and in this way avoid being dictated to by long-established developers.

Intelligent building envelope The programme and the distribution of building mass almost resulted automatically s. The triangular site was to be densely developed on two flanks, while the third side, which directly borders the green space of the Volksgarten, was, naturally, to be left open. The outcome was that the internal courtyard between the two wings of the building could be designed as a peaceful green space that provides a direct transition to the park. The old power station was to be integrated in the angle between the wings, while the open mill race was to form a central axix cutting through the length of the complex. The architect cum developer was able to secure as a partner the not-for-profit developer ÖWG, one of the most important players in the field of housing construction in Styria.
Like many other Graz architects Markus Pernthaler stands for an emphatically technoid idiom. But the experience he acquired Japan taught him that, to successfully enrich old towns with new functions, it is intelligent rather than raw technology that is required. It is essential to find the correct balance between assertive demonstrations of technology and those subtle effects that only prove their efficiency on taking a second look and in the course of day-to-day use. The most obvious example of this subtle balance is the circulation system of the boomerang-shaped house. The loud noise caused by the street traffic on Kepplerstraße and Hans Resel-Gasse made it clear that the entire circulation of the building must be organised on the street side and that the majority of the apartments and offices should face onto the internal courtyard. Pernthaler further expanded this starting point by defining a generously dimensioned spatial zone between the street facade and the actual building. In this zone he not only placed the access deck circulation for the apartments but also a genuine small park landscape with a pleasant courtyard situation, luxuriant planting and terraces for the offices at

Innenhof mit Kraftwerk und Mühlwasserkanal Inner courtyard with power station and open water channel

ground floor level. As this generous and poetic intermediate zone naturally had to be protected against wind and noise from the street, Pernthaler desiged a polycarbonate wall the entire height of the building that encases the entire complex externally. This translucent, noise insulating membrane consists of long, slender vertical elements that meet the required fire safety standards. The present subdivision and fixing of these elements results from the experience of an exceptionally dramatic storm with wind loads far above the local norms that imposed excessive demands on the original system and destroyed the facade. At the top the space between this wall and the building is open, only the access routes to the apartments are provided with canopy roofs.

Maisonettenwohnung Two level apartment

Markus Pernthaler

Betonfachwerks-Konstruktion Concrete framework

Upgrading the district

The internal construction of the end building on Marienplatz consists of a four-storey concrete truss that bridges the Mühlgang (mill race). A café and a shop, areas for service industries and artists studios are distributed on five levels. Beside and above the offices and studios there are in total 66 dwelling units, varying in size between 90 and 200 square metres. These dimensions indicate the sociological component for this urban district. „The sizes of the apartments represent a statement, says Pernthaler, meaning by this that a self-assured clientele, many from the creative industries, moved in here and so clearly upgraded the district. The intention of providing a creative service sector centre could be realised here, in addition to architects offices Creative Industries Styria, the Institute for Art in Public Space, artists studios, as well as offices for the famed Graz engine producer AVL have moved in here.

The basic system of the building consists of „working" on the two lowest levels, above this are three levels with single-storey apartments, then a layer of maisonettes and, finally, the roof top apartments that are provided with large terraces and offer wonderful views of the skyline of Graz. The users' cars are parked in garages equipped with a car-lift parking system.

Important art interventions

Despite the comprehensive schedule of spaces and a density of 2.4 the complex as a whole does not make a cramped or constricted effect. This is, perhaps, thanks to the specific charms of the garden landscape between the two wings. The mill race and the areas of lawn along its banks convey a unique mood, somewhere between rural idyll and a metropolitan feelling, which results from the highly urban style of the inner facades. On the external sides of the complex, too, there is a great deal to see. The point of the building is rounded to form the back wall of the small, idyllic Marienplatz, which on the other side borders directly on the less idyllic Keplerstraße, one of the city's main traffic arteries. In 'Rondo', as Pernthaler's building is now named, there is a small restaurant that also has tables on the square, which ensures that this public space is used. Pernthaler also attaches great importance to art interventions, which in this case were provided by the artist couple Hannes and Petruschka Vogel – timelines and dates relating to the history of the place are placed in context and form the square around the old Marian column. Pernthaler is already working on his next project here: a storey is to be added to a neighbouring building on Marienplatz. Pernthaler wishes to reformulate it as a seven-storey Corten steel needle. Doubtless a further art object that we can look forward to.

Café

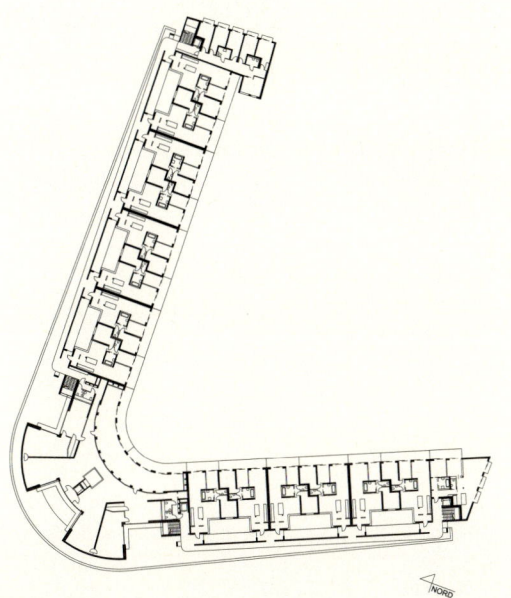
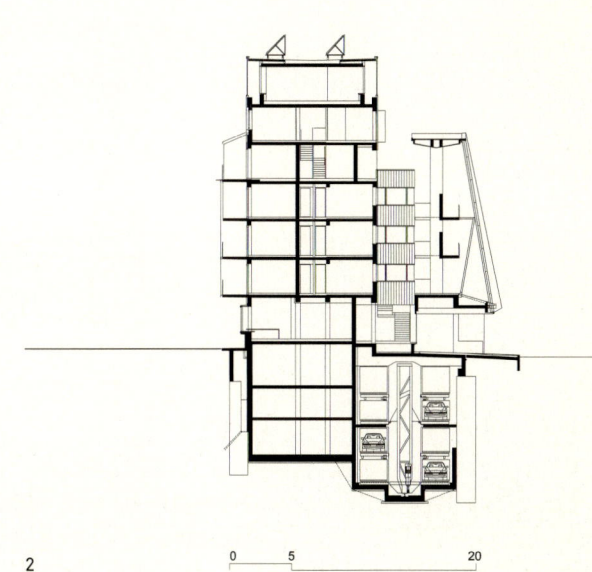

1
Grundriss Erdgeschoß Ground floor plan

2
Querschnitt Cross section

3
Ebene 2 Second floor

4
Ebene 4 Fourth floor

Rondo home & business
Graz/Österreich, Marienplatz 1

Bauherr client:
ÖWGES Gemeinnützige
WohnbaugesmbH

Projektentwicklung project development:
Markus Pernthaler, Albert Ortis

Generalplanung master planning:
Markus Pernthaler

Projektleitung project manager:
Andreas Salfellner

Mitarbeiter assistance:
Zoran Megla, Karin Koeberl,
Diane Karner, Matthias Kahlert

Statik structural consultant:
Büro Dipl. Ing. Eisner, Graz;
Büro Dipl. Ing. Connert Graz

Elektroplanung
electrical concept:
Ingenieurbüro Fickel Horst,
Kirchberg/Raab

Heizung/Lüftung/Klima/Sanitär-Planung heating/ventilation/air conditioning/sanitation concept:
Die Haustechniker, Jennersdorf

Landschaftsplanung
landscape architect:
Büro ko a la, Mag. Robert
Kutschera, Kumberg

Farbpsychologie
colour psychology:
Dr. Leonhard Oberascher, Salzburg

Fassaden facades:
SFL technologies GmbH, Stallhofen; Hammer Franz, Graz;
Trummer Hubert GmbH & Co KG,
Bad Gleichenberg

Elektroinstallationen
electrical services:
Siemens Elin EBG GmbH & Co,
Graz

Aufzug elevators:
Haushahn Aufzüge GmbH, Graz

Sonnenschutz sun protection:
TRS, Graz

RUNSER / PRANTL

Weinlandbad Mistelbach, Niederösterreich – Holz mit Stil
Weinlandbad Mistelbach, Lower Austria – Wood with style [▶p.127]

Photos Rupert Steiner
Text Isabella Marboe

Nutzfläche floor area:	Planungsbeginn start of planning:	Baubeginn start of construction:	Fertigstellung completion:
ca. 1.100 m²	4/2008	11/2008	5/2009

Fast wie Sichtbeton: Platinquarzgraue Holzwände Platinum-quartz grey timber walls

Ein 80 Meter langer Bogen
A curve of 80 metres

Nüchternheit in der Gewerbezone Soberness in wild suburbia

Beim Bau des neuen Kabinentrakts im Weinlandbad Mistelbach setzten RUNSER / PRANTL architekten auf die organische Form eines leichten Bogens, die konstruktiven Möglichkeiten des vorgefertigten Holzbaus und die bewährte Planung im Ein-Meter-Raster. Pünktlich zum Saisonstart war der 80 Meter lange, platinquarzgraue Baukörper mit dem Flugdach fertig. Selten wirkte ein Bad so edel.

Wellness in der Aulandschaft Ein Babyplanschbecken, Kinder-, Sport- und Erlebnisbad, ein Geysir, zwei Sprungtürme, Wasserrutschen, dazu eine riesige Wiese mit Sonnenliegen, Spielplätzen, Volleyball, Beachsoccer und schattigen Bäumen: Das Weinlandbad Mistelbach hat einiges zu bieten und ist entsprechend populär. 1960 wurde es eröffnet, sein zweistöckiger Kabinentrakt war trotz einiger Aus- und Umbauten vom intensiven Gebrauch schon schwer gezeichnet. Rostige Bewehrungseisen hatten die sparsame Deckung des Stahlbetons aufplatzen lassen, die Treppen waren kaputt, die Decke einsturzgefährdet.

Sanieren lohnte sich nicht mehr, die Gemeinde beschloss, langfristige Weichen für eine prosperierende Zukunft zu stellen. Man lud sechs Büros zum Wettbewerb für den neuen Kabinentrakt, bei dem in zwei weiteren Baustufen das Szenario für ein Gesundheitszentrum mit Beauty-Farm entwickelt werden sollte. RUNSER / PRANTL architekten siegten. Sie hatten sich schon früher mit dem nahen Naturdenkmal Zayawiese beschäftigt, das die thematische Klammer ihres Projekts bildet. Der organisch geschwungene Kabinentrakt liegt an einer Promenade, an die sich wie Glieder einer Kette die Stätten zur Pflege der Körperkultur reihen sollen: der sachte Bogen des Freibades, das abgesetzte Punkthaus des vierstöckigen Gesundheitszentrums, dessen Terrassenrestaurant an den Becken liegt, der Beauty-Pavillon an der Jandl-Wiese, hinter der die Zaya-Au beginnt. Sie ließe sich als Erlebnispark gestalten.

Das Budget war knapp, die Bauzeit auch. Sieben Monate, dann war das Bad fertig für die Sommersaison. An der stark befahrenen Mitschastraße, wo sich ein typischer Gewerbepark mit McDonald's und bauMAX ausbreitet, soll eine Allee zum natürlicher Filter für Lärm und Autos heranwachsen, dahinter setzt der gekrümmte Neubau ein stilvolles Zeichen an der Peripherie. Er definiert einen schönen Vorplatz, der sich zur Zufahrt aufschwenkt und in der Natur verläuft. Viele Autos und 200 Räder können hier parken, dahinter fasst der graue Bogen in einer umarmenden Geste die bunte, inhomogene Beckenlandschaft ein und gibt ihr einen ruhigen Rahmen.

Das Bad liegt im Schwemmland: circa 30 Meter tiefe Bohrpfähle verankern die Fundamentplatte aus Beton im Boden. Sonst ist der Neubau fast ausschließlich aus kreuzweise verleimtem Fichtenholz. „Was dieses Bad auszeichnet, ist seine präzise Konstruktion. Wir wollten möglichst materialgerecht

1–2
Krümmung mit 13,4 cm tragenden Holzscheiben A bend of 13.4 cm loadbearing timber panels

planen," so Runser. „Hier ist kein Zentimeter Holz zu viel, es gibt nur zwei, drei Stellen, wo es mit Stahl verstärkt werden musste. Fast alle Wand- und Deckenelemente kamen fix und fertig aus der Fabrik." Sie waren bis zu 16 Meter lang und dreieinhalb Meter hoch.

Beton oder Holz?

Im Prinzip besteht der durchgehend gekrümmte Baukörper, der von der eingeschoßigen Service-Zone mit Sanitäter-, Reinigungs- und Personalraum, Werkstatt, Technik und Chemielager im Norden bis zum zweigeschoßigen Kabinentrakt im Süden einen 80 Meter langen Bogen umschreibt, nur aus 13,4 cm starken, tragenden Scheiben und 9,8 cm dünnen Zwischenwänden. Die Spannweite der Deckenelemente beträgt fünfeinhalb Meter, Dämmung brauchte es keine mehr: das Brettsperrholz steht für sich. „Mit Beton hätte man das nicht so schlank dimensionieren können," meint Runser. Auch die Krümmung war im Holzbau leichter zu bewältigen. Bei der Planung blieben die Architekten ihrer Liebe zum Ein-Meter-Raster treu. Aufgrund der Geometrie, die alle Zwischenwände konisch zusammenlaufen lässt, musste er leicht modifiziert werden: an der Außenfassade beträgt er nun 1,105, innen 0,98 Meter. Diesen Aufwand war die Besonderheit der Form schon wert. „Wir wollten einen unverwechselbaren Ort schaffen, der auf die Landschaft reagiert. Hier spürt man gleich, wo die Natur beginnt."

Kassenhäuschen unter 13 Meter-Flugdach Ticket office under baldachin

Bis zu dreieinhalb Meter ragt das Vordach über den Laubengang, der die Kabinen im ersten Stock erschließt. Es beschattet den breiten Laufsteg, von dem man das ganze Bad überblickt und dient dem Holz als konstruktiver Witterungsschutz. Ganz rau und unbehandelt wollten es RUNSER / PRANTL trotzdem nicht lassen: zu groß war das Risiko, dass es unschön ergraut. „Uns war wichtig, eine einheitliche Oberfläche zu erzielen." Nach der Begutachtung von 14 Mustern entschieden sie sich für einen platinquarzgrauen Schutzanstrich. Er verleiht dem Holz einen feinen Silberglanz, unter dem die Maserung und Schnittflächen der Kreuzlagen durchschimmern. Auf den ersten Blick könnte es als geschalter Beton durchgehen.

Fit für den Sommer Jugendliche kauern auf den Sitzwürfeln am Vorplatz, selten wirkte ein Bad so edel. Jakob Fina legte an der gekrümmten Außenwand ein Biotop aus Flusssteinen und Schilfgräsern an. Nichts blieb dem Zufall überlassen: diese stadtexponierte Seite ist mit einer hinterlüfteten Vorsatzschale verkleidet. Sie schützt die Fassade vor Vandalismus und verweist auf den Gebrauch. Auch die Besucher tragen draußen Straßenkleidung und erst drinnen ihre sonnencremelasierte Haut zur Schau.

Im Osten, wo der Kabinentrakt beginnt, betritt man das Bad, im Westen, wo der eingeschoßige Service-Bauteil in der Wiese verebbt, verlässt man es. Spektakulär ragt das Flugdach fast 13 Meter über den Zugang. Es wird von darüberlie-

Vordach: Bis zu 3,5 m Auskragung Canopy: projecting up to 3.5 metres

genden Leimbindern verstärkt, doch die sieht von unten keiner. Die Portierloge ist eine kompakte Hochleistungsbox in strategischer Bestlage. Am Vorplatz die Kassa, in der Mitte der Technikschacht mit EDV-Server und Mini-Küche, außerdem ein hellgrau beschichtetes, mobiles Holzmöbel auf Rädern, an dem alle Schlüssel hängen. An den Ecken vier Stahlstützen, rundherum zweieinhalb Meter hohes Isolierglas: hier sitzt der Bademeister hautnah am Geschehen.

Urlaub zu Hause

Alle Räume und die Sanitärzonen im Erdgeschoß sind barrierefrei zugänglich und mit behindertengerechten Bädern, Wickelräumen, Kinder-Waschbecken und Duschen ausgestattet. Sie werden von hoch liegenden, schmalen Fensterbändern erhellt, das bringt Licht und wahrt die Intimität. Holzscheiben stehen in der Mitte der Gänge: Sie wirken als Sichtschutz und bringen Abwechslung in die Erschließung. Sicherheit ist ein großes Thema, hier darf keiner ausrutschen. Auf den Stufen der Holzstiege liegen Betonplatten, zwei Handläufe – ein niederer für die Kinder, ein höherer für Erwachsene – flankieren die Wand. Der Boden ist aus versiegeltem, gebürstetem Estrich, die Brüstung des Laubengangs aus Streckmetall. „Die Lastannahmen waren so hoch wie bei Autobahnbrücken: bei Gewitter muss man damit rechnen, dass hundert Leute in Panik verfallen," so Runser. Auch die Schiebetüren, mit denen sich die Zugänge der Garderoben absperren lassen, sind aus Streckmetall, Überwachungskameras gibt es außerdem. Schließlich sind 288 Kästchen und 113 Kabinen oder Komfortkästchen zu schützen. Über zweitausend Besucher zählte der diensthabende Bademeister an einem heißen Tag Mitte Juli, dreitausenddreihundert waren es heuer auch schon, an Abenden mit Discobetrieb stürmen bis zu sechstausend die Party im Bad. RUNSER / PRANTL führten die bestehende Pflasterung weiter, bis zu Baustufe zwei dient sie dem provisorischen Containerrestaurant als Terrasse. Hier sitzt man unter weißen Schirmen am Wasser und fühlt sich wie im Urlaub.

In building the new changing cubicle wing for the Weinlandbad (public baths) in Mistelbach the architects RUNSER / PRANTL used the organic form of a gentle curve, the structural possibilities offered by prefabricated timber construction and the tried and tested design tool of the one metre grid. The 80-metre long platinum-quartz grey building with the canopy roof was ready on time for the start of the swimming pool season. One rarely encounters a public swimming facility of such elegance.

Wellness in a landscape of flood meadows A paddling pool for babies, children's, competition and leisure pools, a geysir, two diving towers, water slides as well as a huge meadow with sunloungers, play areas, volleyball, beach soccer and trees to provide shade: the Weinlandbad in Mistelbach has a great deal to offer and is accordingly popular. It was first opened in 1960 and the two-storey changing cubicle wing was showing signs of intensive use, despite a number of extensions and alterations. Rusting reinforcement steel had cracked the thin concrete cover, the stairs were defective, the ceiling slab threatened to collapse.

As renovation made no economic sense, the town council decided to set a long term course for a future of prosperity. Six architects offices were invited to take part in a competition for the new changing cubicle wing, and the scenario for a health centre and beauty farm was to be developed in two further construction stages. RUNSER / PRANTL architekten were the winners. They had previously dealt with a nearby natural landmark, the Zaya meadow, which forms the thematic clasp for their project. The organically curved changing cubicle wing stands on a promenade along which facilities for looking after the body will be arranged like the links in a chain: the gentle curve of the outdoor baths, the separate point building for the four-storey health centre with a terrace restaurant beside the pool, the beauty pavilion on the Jandl meadow, behind which the Zaya flood-meadow begins. It could be laid out as a leisure park.

The budget was tight, the construction period short. The baths were ready within seven months, on time for the summer season. Along the busy Mitschastrasse, where there is a typical business park with a branch of McDonald's and a bauMAX, an avenue of trees is intended to grow into a filter against noise and cars, behind it the curved new building places a stylish symbol on the periphery. It defines a forecourt that swivels towards the approach road and trickles out into nature. There is sufficient parking space here for 200 bicycles and many cars, in the background the grey curve makes an embracing gesture around the colourful inhomogeneous landscape of swimming pools and provides them with a calm frame.

As the baths stand on marshy land, bored piles about 30 metres deep anchor the concrete foundation slabs in the ground. Otherwise the new building is made almost entirely of cross-laminated Norway spruce. "What characterises this baths

Gepflasterte Terrasse
Paved terrace

Badefreuden für täglich 3.000 Besucher 3,000 visitors daily

is the precision of the construction. We wanted to design in a way that was as appropriate to the material as possible", Runser explains. "There is not a centimetre of wood too much, and there are only two or three places where it had to be strengthened with steel. Almost all the wall and ceiling elements were delivered prefabricated from the factory." They were up to 16-metres long and three-and-a half metres tall.

Concrete or wood? In principle the continously curved building volume that describes an 80 metre long arc from the single-storey services zone in the north (with rooms for staff, cleaning facilities and paramedics, workshop, services and chemicals store) to the two-storey changing cubicle wing in the south, is made exclusively of 13.4 cm thick loadbearing panels and 9.8 cm thin partition walls. The ceiling elements span five-and-a -half metres. No further insulation was required: the cross-laminated timber is self-supporting. "If we had used concrete we could not have employed such slender dimensions", Runser is convinced. It was also easier to build the curve in wood. In designing the building the architects remained faithful to the one metre grid, a tool they like to use. But due to the geometry in which all the partition walls taper it had to be slightly modified: on the outer facade it is 1.105 metres, inside 0.98 metres. The special nature of the form was worth this additional effort. "We really wanted to create an unmistakeable place that reacts to the landscape. here you feel immediately where nature begins."

The canopy roof extends up to three and a half metres beyond the access deck that leads to the cubicles at first floor level. It provides shade for the wide deck from which you have a view of the entire complex, and also protects the wood against the weather. Despite this protection RUNSER / PRANTL did not wish to leave the wood completely rough and untreated, the risk that it would turn grey in an unattractive way was too great. "We felt it was important to achieve a uniform surface." After examining 14 samples they decided upon a platinum-quartz grey protective coating. It gives the wood a fine silvery sheen, through which the grain and cut ends of the cross laminated layers shimmer. At first glance it could be taken for exposed concrete.

Fit for the summer Young people squat on the seating cubes standing on the forecourt, rarely does a swimming pool make such an elegant impression. Jakob Fina laid out a biotope of river stones and reeds along the curved external wall. Nothing was left to chance: this side, which faces towards the town, is clad with a back ventilated layer that protects the facade against vandalism and also indicates the building's function. The visitors, too, wear street clothes when they arrive, and only reveal their sun-oiled skin once inside.

You enter the baths in the east where the cubicle wing begins, and leave it in the west where the single storey service section ebbs away into the meadow.

The canopy roof extends spectacularly almost 13 metres above the entrance. It is strengthened by gluelam beams above it, but from below no one sees them. The porter's booth is a compact high-service box in a strategically ideal position.

The cash desk is on the forecourt, at the centre is the services shaft with the EDP-server and a mini-kitchen, in addition a grey-coated mobile wooden piece of furniture on wheels on which all the keys hang. Four steel columns at the corners, all around two-and-a half metre tall panes of double glazing. Here the pool attendant sits close to the centre of activity.

Holidays at home All the spaces and sanitary facilities at ground floor level can be accessed without barriers and have disabled-accessible bathrooms, baby changing rooms, children's wash basins and showers. They are lit from narrow high-level ribbon windows that introduce light and preserve intimacy. Wooden panels standing in the centre of the corridors provide visual screening and introduce variety into the circulation areas. Safety is an important theme, it is important that nobody should slip here. Concrete paving slabs are placed on the steps of the timber stairs, two handrails – a lower one for children, a higher one for adults – flank the wall. The floor is made of brushed and sealed screed, the parapet to the access deck is of expanded metal. "The loads assumed in the calculations were as high as those used in designing motorway bridges: you have to reckon with about one hundred people running in panic when a thunderstorm

Schließfächer Lockers

Holzstiege mit Betonplatten Timber stair with concrete floor

breaks out," Runser explains. The sliding doors that can close off access to the changing rooms are made of expanded metal. There are also security cameras. After all, there are 288 lockers and 113 cubicles and what are called "comfort-lockers" to be protected.

The pool attendant working on a hot day in mid-July counted over two thousand visitors, on one day this year there were three thousand three hundred, when there is a disco in the evening up to six thousand people storm the party in the baths. RUNSER / PRANTL continued the existing paving, until stage two of the project it will serve as a terrace for the provisional restaurant in a container. Here, sitting under white canopies beside the water, you feel as if you were on holiday.

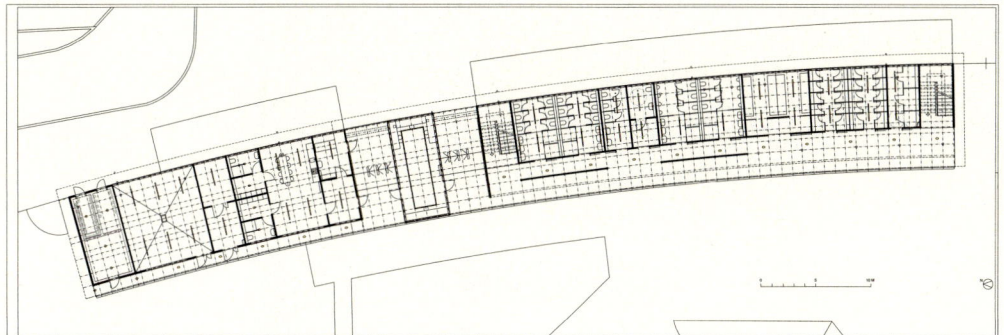

Grundriss Plan

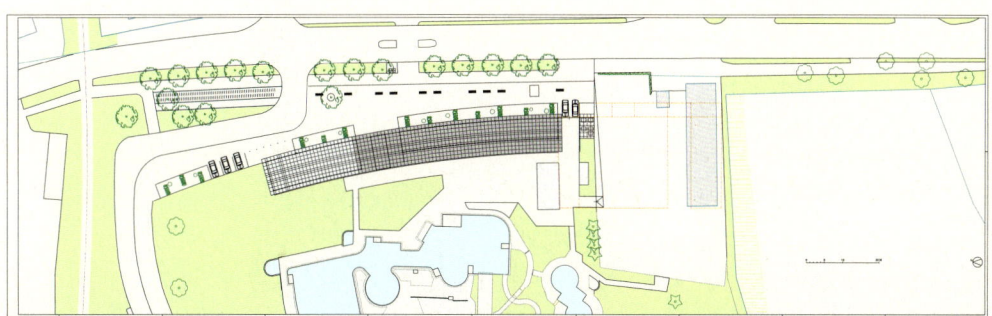

Lageplan Situation

Schnitt Section

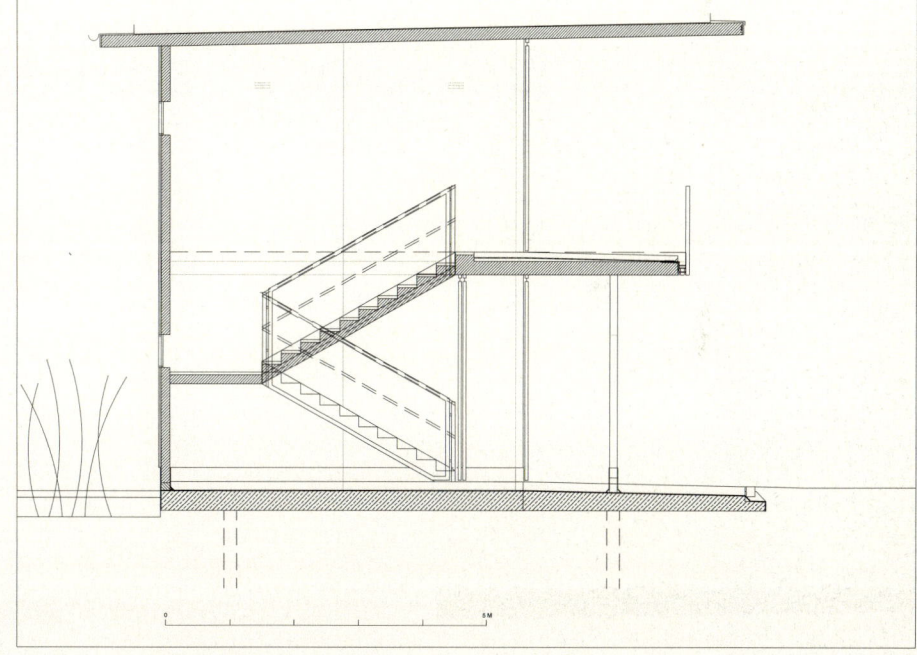

Weinlandbad
Mistelbach/Österreich, Mitschastraße

Bauherr client:
Stadtgemeinde Mistelbach

Generalplanung master planning:
RUNSER / PRANTL architekten – Alexander Runser, Christa Prantl

Mitarbeiter assistance:
Christiane Flügel, Daniel Krawcyk

Ausschreibung tendering:
Dipl. Ing. Hans Bojer

Statik structural consultant:
Dipl. Ing. Jahangir Nasserzare

Haustechnik mechanical services:
Dipl. Ing. Dr. Peter Schütz

Freiraum landscape architect:
Dipl. Ing. Jakob Fina

Lichtplanung lighting concept:
Jakob Uhl

Typografie signage:
ks_visuell Stephanie Krieger

Fassaden facade:
Holzbau Maresch GmbH, Niederfladnitz

Bodenplatte/Stahlbeton bottom slab/reinforced concrete:
ALPINE Bau GmbH, Mistelbach

Spezialfundierung/Bohrpfähle foundation/bored piles:
Grund-, Pfahl- & Sonderbau, Himberg

Bautischler building joiner:
Spezialtischlerei Rimpler, Amstetten

enota

Wellnesszentrum Orhidelia in Podčetrtek – Architektur für „interpassive" Zeiten
Orhidelia wellness centre in Podčetrtek – Architecture for "inter-passive" times [▶p.138]

Photos Miran Kambič
Text Andrej Hrausky

Grundstücksfläche site area: 9.877 m²	Bebaute Fläche built-up area: 5.034 m²	Planungsbeginn start of planning: 2007	Fertigstellung completion: 5/2009	Kosten pro m² cost per m²: 1.313,– EUR
Nutzfläche floor area: 9.990 m²	Umbauter Raum cubage: 33.374 m³	Baubeginn start of construction: 2008	Baukosten building costs: 13 Mio EUR	

134 Project

Schöne neue Zeiten: Wie einst die alten Römer beobachten wir entspannt das Sprudeln und Murmeln des Heilwassers, in dem wir planschen. Aktive Beteiligung ist nicht mehr nötig, vom Internet-üblichen „interaktiven" Konsum sind wir nun in den „interpassiven" der genussreichen Kontemplation übergegangen. enota haben dafür die richtigen Bilder gefunden.

Die Überwindung der Postmoderne Für die Architektur gibt es kein verlässliches Rezept – jede architektonische Aufgabe kann auf mehrere Arten gelöst werden. Wie ein bestimmter Auftrag in Angriff genommen wird, hängt vom jeweiligen Architekten und seiner Sichtweise des Problems ab. Wenngleich sich viele architektonische Herausforderungen wiederholen, deuten Architekten sie dennoch immer wieder neu und suchen nach individuellen Antworten. Diese neuen Lösungen gehen immer von der kritischen Beziehung zur herrschenden Realität aus, beinhalten aber gleichzeitig ein Quäntchen eigener Vision, wie diese Aufgabe besser zu lösen ist. So kann der individuelle Beitrag des Architekten zur Ver-

1-2
Unter die Erde: Anpassung an die Natur Under ground: adapting to nature

2

besserung der Umwelt, in der wir leben, verstanden werden. So ist auch der Zugang des Büros enota aus Ljubljana, das von Dean Lah und Milan Tomac geführt wird. Bei ihrem letzten Projekt, dem Wellnesszentrum Orhidelia in Podčetrtek, das im Mai dieses Jahres eröffnet wurde, überraschten sie mit einer Lösung, die den Baukomplex unter der Erde zu verstecken versuchte. Warum?

Die Thermalquellen in Podčetrtek, im nordöstlichen Teil Sloweniens, direkt an der kroatischen Grenze, sind schon seit mehreren Jahrhunderten bekannt, doch das erste provisorische hölzerne Schwimmbecken wurde erst nach dem Zweiten Weltkrieg gebaut. In den Jahren des Sozialismus wurden die Schwimmbecken erweitert sowie Hotels und Sportobjekte errichtet. Jedes dieser Objekte wurde im Stil seiner Zeit gebaut und das Tal füllte sich mit verschiedenen architektonischen Lösungen und Ideen. Für das Auge von heute sind die Bauten aus den achtziger Jahren, im Stil der damals gültigen Postmoderne, am störendsten. Anzumerken ist, dass das Wellnesszentrum Orhidelia schon das dritte Projekt ist, das dem Büro enota von den Investoren anvertraut wurde. Beim ersten handelte es um einen Zubau zum alten Ba-

dekomplex, den sie als eine Art Mantel um die bestehenden Objekte konzipierten. Damit markierten sie die neuen Entwicklungen der Kurbäder und versteckten gleichzeitig die überlebte postmoderne Architektur. 2006 wurde nach ihren Entwürfen das Hotel Sotelia eröffnet (architektur aktuell Nr.6/2006), wo sie ihre Architektur der umgebenden Natur anzupassen versuchten.

Spaziergang zwischen Skulpturen   Die Architekten bemühten sich darum, das Hotel trotz seiner Größe kleiner erscheinen zu lassen und dem Gast eine intime Atmosphäre herbeizuzaubern. Für das Projekt erhielten sie 2006 sowohl den Plečnik- als auch den Piranesi-Preis. Als die Investoren entschieden, dem Bäderkomplex noch ein Wellnesszentrum anzufügen, war nur mehr die Wiese in der Mitte des gesamten Komplexes unbebaut. Ein Gebäude an dieser Stelle hätte alle Maße des Raumes zerstört, gleichzeitig wäre der Verkehr bis in diesen Bereich vorgedrungen. Das wollten die beiden Architekten um jeden Preis verhindern. Hatten sie bei ihrem ersten Projekt die unpassende alte Architektur versteckt, so versuchten sie beim zweiten, das Hotel der Natur anzupas-

136 Project

enota

1

2

sen, nun aber wollten sie den Eingriff in die Landschaft unsichtbar machen und ihn nach Möglichkeit unter der Erde verbergen. Auf diese Weise sollte das Objekt selbst zur Natur werden. Das Thema Natur ist schon alleine im Namen „Orhidelia" präsent. Er resultiert aus der Tatsache, dass in der Umgebung von Podčetrtek 40 Orchideensorten beheimatet sind, darunter besonders geschätzt – die schwarze. So tauchen organische Formen bei der Gestaltung des gesamten Objektes und seines Inneren auf. Der Bau verzichtet auf klassische architektonische Lösungen für das Dach, die Fassade, Türen und Fenster. Stattdessen ist alles aus freien kristallinen Formen in verschiedenen Materialien zusammengesetzt. Der Begriff unterirdische Architektur ist selbstverständlich mit Vorbehalt zu sehen, denn es handelt sich mehr um eine eingegrabene Architektur mit einer künstlichen Landschaft auf dem Dach. Solche Lösungen sind heute nichts Ungewöhnliches mehr, die bekannteste ist das Yokohama-Fähren-Terminal des Büros FOA aus dem Jahr 2002. Und dort sind auch alle Schwierigkeiten, die mit einer solchen Lösung verbunden sind, erkennbar. Die Idee einer changierenden freien Form wirkt am Plan elegant, in der Praxis aber wird die Klarheit des Entwurfs durch Zäune zerstört, die aufgrund der Vorschriften bestimmen, wo sich die Besucher bewegen dür-

fen. Bei Orhidelia verwendeten die Architekten lieber die übliche Methode der Teilung, die aus Parkanlagen bekannt ist. Die Besucherwege sind gepflastert, alles andere besteht aus Gras, Steinen, Glas und Holz. Dort, wo ein Zaun sein müsste, verwendeten die Architekten Sperren aus vertikalen Stahlstäben, die einem lebenden Zaun oder Büschen nachempfunden sind. Daher sind die Stahlstäbe wie „zufällig" in leichten Winkeln aufgestellt, wichtig dabei ist, dass ihre unterschiedliche Länge den Eindruck eines horizontalen Abschlusses nicht zulässt, der das organischen Erscheinungsbild des Ganzen zerstören würde. Quer durch diese künstliche Landschaft verläuft ein Spazierweg, der schon zuvor durch das Tal führte. Heute ist er etwas erhöht, verschiedene Bearbeitungen der Oberfläche gemeinsam mit den runden Leuchtkörpern und Laternen aber erzeugen den Eindruck, dass der Spaziergang durch einen Park mit Skulpturen führt.

Der langsame Fluss Natürlich ist es nicht möglich, einen so großen Komplex ohne Tageslicht und äußere Bauten zu konzipieren. Daher hat auch der künstliche Hügel gegen Südwesten einen breiten Spalt, wohin das Gelände zum äußeren Atrium fällt. Die Ausrichtung gegen die Sonne ist selbstverständlich im Winter, der Hauptsaison der Thermalbäder, besonders wichtig. Der Wellnessbereich ist u-förmig um das äußere Atrium angelegt. Die inneren Säle haben die Höhe von zwei Etagen in den Zwischenetagen befinden sich ein besonderes Saunaprogramm und türkische Bäder. Einst hatten ähnliche Zentren Sportschwimmbäder, später wurden sie den tropischen Inseln nachempfunden, mit künstlichen Palmen auf den kleinen Inseln. Erst Peter Zumthor erinnerte

1-3
Modelliert aus der Erde: künstliche Dachlandschaft mit Wegführung
Molded from earth: artificial roof landscape with paved paths

4
Rosa Orchideen-Mosaike im Pool Pink orchid mosaics in the pools

3

© SpringerWienNewYork

den Betrachter bei der Therme Vals erneut an das Phänomen des Wassers, wie es einst die Römer interpretierten und wie es in den türkischen Bädern erhalten geblieben ist. Hier geht es nicht mehr um Sport, sondern um den reinen Genuss. Der slowenische Philosoph Slavoj Žižek kritisierte vor Kurzem die Ansicht, wir lebten heute in „interaktiven" Zeiten. Seiner Meinung nach ist der Ausdruck „interpassiv" angebrachter, lachen doch oft – bei Fernsehkomödien etwa – andere für uns. Etwas Ähnliches passiert kann man bei der heutigen Idee von Wellness beobachten – wir brauchen nicht mehr zu schwimmen, wir liegen nur mehr und genießen das Wasser, das spritzt, wirbelt und uns aus verschiedenen Richtungen massiert. Und genau diesem Genuss ist das Orhidelia gewidmet, worauf schon die Namen der Becken hinweisen: „Der langsame Fluss", oder „die Lichthöhle". Der Eindruck, das Zentrum wäre nicht nur den körperlichen sondern auch den seelischen Genüssen gewidmet, wird bewusst erzeugt. Und dabei geht es um die natürlichen Elemente des Wassers, des Raumes und des Lichts. Das Thema Natur ist auch im Inneren vorhanden. Die runden Bassins sind unter Wasser nicht mit der üblichen blauen Farbe gestrichen, sondern mit Mosaiken in der rosa Farbe der Orchideen belegt. Die Säulen sind den Bäumen nachgebildet und tragen Decken, die mit runden Leuchten übersät sind. Im Mezzanin sind die finnischen Saunen mit dem Motiv des Holzes bearbeitet, während die türkischen Saunen selbstverständlich golden sind. Im Erdgeschoß befindet sich ein kleineres Restaurant, was den ganztägigen Aufenthalt in den Thermen ermöglicht, das Buffet aber hat auch im Bassin ein Barpult. Wenn das nicht genug ist: Es gibt auch noch einen Nachtklub, der von außen betretbar ist und normalerweise getrennt bespielt wird. Es ist aber auch bei Buchung eines umfassenden Wellnesspakets möglich, ihn in den Bassinteil mit einzubeziehen.

Jeder findet seine Nische

Die Ökonomie fordert, dass solche Zentren möglichst viele Besucher ansprechen, gleichzeitig verlangt es aber diese, vor allem wenn es sich um Gäste einer höheren Kategorie handelt, nach dem Gefühl der Exklusivität und Intimität. Ohne Zweifel ist alleine der Entwurf des Komplexes mit seiner organischen Form ungewöhnlich genug, um auf jeden Schritt zu überraschen. Darüber hinaus haben die Architekten den Raum um die hohen zweistöckigen zentralen Säle angelegt und so den Eindruck von Geräumigkeit erzeugt. An diesen zentralen Raum haben sie eine Reihe kleinerer Zimmer angeschlossen, die Intimität erzeugen. Diese Räumlichkeiten haben mit Hilfe der Formen und der Einrichtung auch eine eigene Identität. In dem großen Komplex hat man das Gefühl auch ein Eckchen für sich zu finden. Ohne gute Architektur geht es eben auch im Tourismus nicht.

4

138 Project

enota

Wonderful new times: like the ancient Romans in days gone by we watch the healing waters gush and babble as we splash around. Active participation is no longer necessary, from the usual form of Internet "inter-active" consumption we have now moved on to "inter-passive", enjoyable contemplation. enota have found just the right images for this.

Overcoming post-modernism   There is no absolutely dependable recipe for architecture – every architectural commission can be solved in a variety of ways. How a project is tackled depends on the particular architect and his or her view of the problem. Although many architectural challenges are reoccurring, architects always interpret them anew and look for individual answers. While these new solutions always start from a critical relationship to the dominant reality, they also contain a particle of an individual vision of how this task can be better solved. This is also the approach taken by the office enota from Ljubljana, which is run by Dean Lah and Milan Tomac. In their last project, the wellness centre in Podčetrtek that was opened in May of this year, they came up with a surprising solution that attempts to hide the building complex underground. What is the reason for this?

The thermal springs in Podčetrtek, in northeastern Slovenia, directly on the border to Croatia, have been known for several centuries, but the first provisional wooden swimming pools were only erected after the Second World War. During the socialist era the swimming pools were extended and hotels and sports facilities were built. Each of these buildings was erected in the style of its time, and the valley was gradually filled a variety of architectural solutions and ideas. For the modern eye the buildings from the 1980s, in the post-modern style popular at the time, are the most objection-

1-2
Rosa Orchideen als Pools
Pink orchids as pools

able. At this point it should perhaps be explained that the Orhidelia wellness centre is the third project here for which enota were commissioned by the investors. The first was an addition to the old baths complex, which they designed as a kind of cloak around the existing buildings. In this way they marked the new development of the spa baths and at the same time hid the out-dated post-modern architecture. In 2006 the Hotel Sotelia was opened (see architektur aktuell 6/2006), in which they attempted to adapt their architecture to the natural surroundings.

Stroll between sculptures They endeavoured to reduce the apparent size of the large hotel and to create a more intimate atmosphere for guests. For this project they were awarded both the Plečnik Prize and the Piranesi Prize in 2006. When the investors decided to add a wellness centre to the spa the only undeveloped site was a meadow at the centre of the entire complex. A building at this position would have destroyed the scale of the space and would have brought traffic right up to this point. This was something that the architects wished to avoid at all costs. Whereas in their first project they concealed the unsightly old architecture, and in their second attempted to adapt the hotel to nature, here they wanted to make the intervention in the landscape invisible and to conceal it underground as far as possible. The intention was to make the building itself into nature. The theme nature is already implicit in the very name "Orhidelia". It comes from the fact that 40 different varieties of orchids grow in the surroundings of Podčetrtek, the black ones are particularly prized. And so organic forms surface in the design of the complex as a whole as well as in the interior. The building dispenses with classic architectural solutions

1

for the roof, façades, doors and windows. Instead of this everything is put together using free crystalline forms in different materials. The term "underground architecture" should, of course, be treated with a certain caution, as this is more than buried architecture with an artificial landscape on the roof. Solutions of that kind are no longer unusual, the best known is perhaps FOA's Yokohama ferry terminal dating from 2002. It clearly shows all the difficulties associated with such a solution. The idea of a free, fluctuating form seems elegant in plan, but in practice the clarity of the design is destroyed by fences erected to enforce regulations about where visitors may and may not go. In Orhidelia the architects preferred to use the method of separation that we are familiar with from parks. The routes for the visitors are paved, everything else consists of grass, stones, glass and wood. Where a fence was necessary the architects used barriers made of vertical steel rods that are based more on a living fence or hedge. With this aim in mind the steel rods are "accidentally" erected at a slight angle and are of different lengths thus preventing any suggestion of a horizontal terminating line, which would destroy the organic appearance of the whole. A route that once led through the valley now runs across this artificial landscape. Today it is somewhat elevated, various surface treatments together with round light fittings and lanterns suggest that one is strolling through a park with sculptures.

The slow river   Naturally, it is not possible to design such a large complex without daylight and external buildings. And therefore the artificial hill has a wide gap towards the southwest, where the site slopes to the outside atrium. In winter, the main season for thermal baths, orientation to the sun is particularly important. The U-shaped wellness area is laid out around the outdoor atrium. The internal rooms are two-storey high, special sauna facilites and Turkish baths are on the mezzanine level. Centres of this kind used to have standard competition-type swimming pools, later they were based more on tropical lanscapes with artificial palms on small islands. It was Peter Zumthor in his spa at Vals who revived the phenomenon of water as interpreted by the Romans that still survives in Turkish baths. Today the emphasis is no longer

restaurant that allows visitors to spend the entire day in the baths, the buffet also has a bar counter in the pool. As if that were not enough there is also a night club that can be entered from outside the complex and is normally run separately. However it is also possible to include visits to the nightclub when booking a wellness package.

Everyone finds their own niche The realities of economics demand that such centres should appeal to as many visitors as possible, at the same time visitors, especially when they are higher category guests, demand a feeling of exclusivity and intimacy. Beyond doubt the organic forms in the design of this complex are unusual enought to provide a surprise at every turn. But in addition the architects have laid out the spaces around the tall two-storey central halls and thus created an impression of spaciousness. A series of smaller rooms adjoins this central space and creates a feeling of intimacy. Thanks to their forms and furnishings these rooms also have their own identity. In the large complex you always have the feeling that you can find your own corner. Clearly, good architecture is essential in the area of tourism, too.

1-3
Fantasievolle Interieurs Fantastic interiors

on sport but on pure enjoyment. Slovenian philosopher Slavoj Žižek recently criticised the view that we are living in "interactive" times. In his opinion the term "inter-passive" is far more appropriate, for example in TV comedy series others often laugh for us. A similar phenomenon can be observed in the contemporary concept of wellness – we no longer need to swim, we just lie and enjoy the water which spurts, swirls and massages us from different directions. And Orhidelia is devoted to precisely this kind of enjoyment, as the names of the pools alone indicate: "The Slow River" or "The Light Caverns". The impression is deliberately conveyed that the centre is devoted not just to physical but also spiritual enjoyment. Here the focus is on the natural elements of water, space and light. The theme nature is also present in the interior. Underwater the round pools are not painted the usual blue but are clad with mosaic in the same pink colour as orchids. The columns are based on trees and carry ceilings sprinkled with circular lights. On the mezzanine level the Finnish saunas employ the motif of wood, while the Turkish saunas are, naturally, golden. On the ground floor level there is a small

142 Project enota

1
Lage und oberste Ebene Situation and top level

2
Pool level

3
Schnitt Section

Wellness Orhidelia
Podčetrtek/Slowenien,
Zdraviliška cesta 24

Bauherr client:
Terme Olimia

Generalunternehmer
building contractor:
GPG

Planung planning:
enota

Projektteam:
Dean Lah, Milan Tomac, Maruša Zupančič, Nuša Završnik, Zana Starovič, Anna Kravcova, Polona Ruparčič, Marko Volf, Sabina Sakelšek, Esta Matkovič, Darja Zubac, Dean Jukić, Nebojša Vertovšek, Tjaša Marinšek

Statik structural consultant:
Elea iC

Landschaftsarchitektur
landscape architecture:
Bruto

Heizung/Lüftung/Klima/Sanitär-Planung heating/ventilation/air conditioning/sanitation-concept:
Nombiro

Elektroplanung
electrical concept:
Forte inženiring

Fassaden facade:
Žlahtič

Dach roof:
Aurig

Stahlstruktur steel structure:
Meteorit

Fenster windows:
Almont

Pooltechnik pool technology:
Darrtech

Saunas:
Aquasan wellness & spa, Termolux

Aufzug elevators:
Schindler

astearchitecture

Kathrin Aste
Geboren/born
1969 Innsbruck/Austria

Studium/education
Universität Innsbruck, Diplom/graduated in 2000

Lehrtätigkeit/teaching assignments
Universität Innsbruck/Innsbruck University; Sommerakademie der Bildenden Künste Salzburg/summer academy of fine arts Salzburg; Lichtakademie Bartenbach/lightacademy Bartenbach

Büro/office
Seit/since 2004 Innsbruck/Austria

Frank Ludin
Geboren/born
1972 Weil am Rhein Deutschland/Germany

Studium/education
Universität Innsbruck, Diplom/graduated in 2004

Lehrtätigkeit/teaching assignments
Universität Innsbruck /Innsbruck University

Büro/office
Seit/since 2005 Partner bei/of astearchitecture

Projekte (Auswahl)/projects (selection)
Sprintkunsteisbahn/sprint toboggan runs Innsbruck/Austria 2009
Gipfelplattform Top of Tyrol/panorama platform Stubaier Gletscher/Austria 2009
Gemeindamt/municipal and tourism office Kleinarl/Austria 2009
Dachausbau Servitenkloster/loft conversion Innsbruck 2009
Ausstellungsarchitektur/exhibition designs Innsbruck 2007-2009

■

www.astearchitecture.com

enota

Milan Tomac
Geboren/born
1970 Koper/Slovenia

Studium/education
Univerza v Ljubljani/University of Ljubljana Slovenia, Diplom/graduated in 1998

Dean Lah
Geboren/born
1971 Maribor, Slovenia

Studium/education
Univerza v Ljubljani/University of Ljubljana Slovenia, Diplom/graduated in 1998

Büro/office
Enota, Ljubljana seit/since 1998

Preise (Auswahl)/awards (selected)
Golden pencil 2007, 2006; Mies van der Rohe Award 2007 selected work; Plečnik award 2006; Piranesi Award 2006; Trimo architectural award 2005 Plečnik award nomination 2005

Werke (Auswahl)/projects (selected)
Regal GH border shop, Gruškovje/Slovenia 2009
Wellness center Orhidelia, Podčetrtek/Slovenia 2009
Ilirska Wohnbau/housing Ljubljana/Slovenia 2008
Jurčkova Wohnbau/housing Ljubljana, 2007
Haus Jazbec/house, Ljubljana 2007
Hotel Sotelia, Podčetrtek 2006
Terme Tuhelj/thermal complex Croatia 2005
Wellness center Termalia/thermal complex Podčetrtek/Slovenia 2004
Kraški Zidar headquarters, Sežana/Slovenia 2002 (with A. Dekleva)
NKBM bank branch Ljubljana 2001

■

www.enota.si

Obermoser arch-omo

Johann Obermoser
Geboren/born
1954 Waidring/Austria

Studium/education
TU Innsbruck, Diplom/graduated in 1978

Büro/office
Innsbruck seit/since 1983

Preise (Auswahl)/awards (selected)
Neues Bauen in Tirol 2008
Anerkennung des Stiftungspreises www.lebendige-stadt.de 2007
5.BTV Bauherrenpreises Auszeichnung 2007
3. BTV Bauherrenpreises Anerkennung 2003
Neues Bauen in Tirol Anerkennung 2002
Österreichischer Bauherrenpreis 1997

Werke (Auswahl)/projects (selected)
Büro- und Geschäftszentrum/office and commercial centre Innsbruck/Austria 2008; M-Preis mit Wohnhaus/supermarket and apartment building Volksschule/school building (ARGE Obermoser - Eck-Reiter) Sistrans/Austria 2006; Sportzentrum/sports centre (ARGE Obermoser - Schnizer) Wattens/Austria 2006; Umbau Landhaus 1/conversion (ARGE Obermoser - Schlögl & Süß) Innsbruck/Austria 2006; ILL-Integrierte Landesleitstelle Tirol/control station Tyrol (ARGE Obermoser - Schlögl & Süß) Innsbruck/Austria 2006
Gesundheits- und Sozialzentrum/health care centre Innsbruck/Austria 2006; Wohn- und Geschäftshaus/apartment and commercial building Innsbruck/Austria 2005; Wohnheim Innere Stadt/residence hall Innsbruck Austria 2005; M-Preis/supermarket Kirchberg/Austria 2005; ICT Technologiepark/technology park Innsbruck/Austria 2004; Seniorenheim/home for the elderly St. Raphael, Innsbruck/Austria 2004; Seniorenwohnheim/home for the elderly Zams-Schönwies, Zams/Austria 1996; Domgalerie/gallery, Innsbruck/Austria 1990

■

www.arch-omo.at

Markus Pernthaler

Geboren/born
1958 in Judenburg/Austria

Studium/education
TU Graz/Austria (Diplom/graduated in 1984); Post-Graduate Studies Tokyo University (1984-86)

Büro/office
seit/from 1990 in Graz/Austria

Werke (Auswahl)/projects (selected)
Wohn- und Bürobau Rondo/apartment and office building Graz;
Glockenturm/bell tower, Seetaleralpe Judenburg;
Landeskrankenhaus Salzburg, Chirurgie West/Salzburg State Hospital, surgery west;
Landesberufsschule Bad Gleichenberg/Bad Gleichberg college;
Hauptplatz Graz;
Helmut-List Halle/hall Graz;
Tower und Gerätehalle Flughafen Graz/tower and aviation equipment hall Airport Graz;
Gynäkologische Abteilung Landeskrankenhaus Graz/State Hospital Graz, gynaecological department;
1987 - 1990 Vorstand/director Haus der Architektur, Graz;
1996 - 1999 Präsident/president Zentralvereinigung der Architekten Österreichs, Landesverband Steiermark

■

www.pernthaler.at

144 Architekten

RUNSER / PRANTL architekten

Alexander Runser
Geboren/born
1955 in Wien

Studium/education
TU Wien, Diplom/graduated in 1985

Lehrtätigkeit/teaching assignments
1989-93 Institut für Gebäudelehre TU Wien/Technical university Vienna
1993-95 Institut für Gebäudelehre TU Wien/Technical university Vienna
seit 1995 Universitätslektor TU Wien/Technical university Vienna

Christa Prantl
Geboren/born
1960 in Steyr

Studium/education
TU Wien, Diplom 1985

Lehrtätigkeit/teaching assignments
1994-1997 Institut für Hochbau TU Wien/Technical university Vienna

Büro/office
Seit/since 1985 Wien/Vienna

Preise (Auswahl)/awards (selected)
Preis der Stadt Wien - Förderungspreis für Architektur/Vienna
Kulturpreis des Landes Oberösterreich für Architektur/Upper Austria
Würdigung zum Staatspreis für Consulting durch das Bundesministerium für Wirtschaft und Arbeit/Austria
Anerkennungspreis für vorbildliche Bauten des Landes Niederösterreich/Lower Austria
Niederösterreichischer Baupreis, Anerkennung/Lower Austria

Werke (Auswahl)/projects (selected)
SMZ Otto Wagner Spital Pavillon 9 Geriatrie, Wien/Vienna
Wellcon, Zentrum für Prävention und Arbeitsmedizin, Wien/Vienna
Haus K, Oberkirchbach/Lower Austria
SOS Kinderdorf Wien, FamilienRAThaus, Wien/Vienna
Haus B Generalsanierung, Wien/Vienna
Wohnhaus Auhofstrasse, Wien/Vienna
Pfarrzentrum Neu Guntramsdorf, Austria
Weinlandbad Mistelbach/Lower Austria

www.runser-prantl.at

José María Sánchez García

José María Sánchez García
Geboren/born
1975, Don Benito, Spanien/Spain

Studium/education
Technical university of Architecture, Madrid, Diplom/graduated 2002

Büro/office
Madrid

Preise (Auswahl)/awards (selected)
NAPISA award 2009

Werke (Auswahl)/projects (selected)
17. Jahrhundert Haus/17th century house, Don Benito, Spanien/Spain 2002; Extremeña de Arroces office building, Miajadas, Cáceres, Spanien/Spain 2002; Pronat Tomato industry & office building, Don Benito, Spanien/Spain 2004; Erweiterung/extension Obispo Solís Palace Bibliothek & Ausstellungsräume/library & exhibitions rooms, Miajadas, Spanien/Spain 2007; Space of Youth Creation, Villanueva de la Serena, Badajoz, Spanien/Spain 2006; Aro consultores Engineers' office, Don Benito, Spanien/Spain 2007; Garden Center Dijardín, Don Benito, Spanien/Spain 2007; Agrolab Laboratories, Don Benito, Spanien/Spain 2008; Center for technical development of physical, sportive and leisure activities in the natural environment of the Tagus River, Guijo Granadilla, Cáceres, Spanien/Spain 2008

www.jmsg.es

schmidt hammer lassen

Bjarne Hammer
Geboren/born
1955

Studium/education
School of Architecture Aarhus/Denmark

Lehrtätigkeit/teaching assignments
School of Architecture Aarhus/Denmark

Büro/office
schmidt hammer lassen mit/with Morten Schmidt & John Lassen seit/since 1986

Preise (Auswahl)/awards (selected)
SAJK Architecture Prize 2005; The Municipality of Halmstad Architecture Prize 2006; IOC/IAKS Silver Award 2005; Emirates Glass Leaf Grand Prix Award 2008; Rudersdal Architectural Prize 2008; MIPIM AR Future Award 2007 2008 2009; Red Dot Award 2009

Werke (Auswahl)/projects (selected)
Erweiterung/Extension The Royal Library, Kopenhagen/Copenhagen 2000
ARoS Art Museum, Aarhus/Denmark 2004
NRGi Hovedsaede, Aarhus/Denmark 2007
Performers House, Silkeborg/Denmark 2007

www.shl.dk

xarchitekten

Bettina Brunner
geboren/born
1972 Oberösterreich/Upper Austria

Studium/education
TU Graz/Austria, Diplom/graduated in 1998

David Birgmann
geboren/born
1973 Oberösterreich/Upper Austria

Studium/education
TU Innsbruck/Austria, Diplom/graduated in 2001

Rainer Kasik
geboren/born
1967 Wien/Vienna Austria

Studium/education
TU Wien, TU Graz, Escola d´Architectura Barcelona; Diplom/graduated in 1997

Max Nirnberger
geboren/born
1972 Oberösterreich/Upper Austria

Studium/education
TU Graz, Diplom/graduated in 1998

Lorenz Prommegger
geboren/born
1969 Schwarzach/Austria

Studium/education
TU Graz, Diplom/garduated in 1997

Büro/office
Wien, Linz/Austria

Werke (Auswahl)/projects (selected)
Möbelhaus Manzenreiter; Villa 13 x 13; Kombiverkehrszentrum Linz AG; Juwelier MAYRHOFER; PEC; Sara Lee; Falthaus; MaxKüche; HANDS OUT - Graz 2003; hole 19, Golfclub St Oswald; black beauty; CORTEN FALTUNG; Biennale Venezia „Bude"; stahlservicecenter linz SCC; Pfarrhof Mauthausen; form follows §; schnittstelle - Hair couture; SOS Kinderdorf; HDI Landesdirektionen; OÖ Gebietskrankenkasse Zahnambulatorium; Parkhaus Voestalpine; ECOmplex

www.xarchitekten.com

FORM FOLLOWS FLOW.
Palomba Collection, design Ludovica+Roberto Palomba

LAUFEN
Bathroom Culture since 1892 ✚ www.laufen.co.at

Wenn Häuser architektonisch neu interpretiert werden, geht das oft auf Kosten ihrer historisch gewachsenen Identität. Dass letztere nicht vollständig erhalten werden kann, wenn sich die Nutzung eines Gebäudes und überhaupt die Anmutung seines Standorts ändert, ist nur selbstverständlich. Man kann aber trotzdem mit Gespür vorgehen wie das Grazer Planungsbüro INNOCAD.

INNOCAD

Rose am Lend – Glitzernder Schwarzplan

Photos Paul Ott
Text Ulrich Tragatschnig

Mit seinem zwischen 2005 und 2008 realisierten Projekt „Rose am Lend" in Graz haben INNOCAD gezeigt, dass Geschichtsbewusstsein nicht notwendig der Feind origineller Lösungen ist. Allerdings ist vorerst eine Übersetzungsarbeit zu leisten, die das, was ein Gebäude und sein Umfeld einmal ausmachte, mit zeitgemäßen Ansprüchen und Konventionen aussöhnt. INNOCAD hat dazu eine symbolische Sprache gefunden, die mit den traditionellen Bezügen des Gebäudes spielerisch umgeht.

Schon im Namen. Der ist der Fassade wörtlich eingeschrieben. In einer Typografie, die dem Schick der 1960er Jahre verpflichtet scheint, womit gleich zweifach auf das hier ehemals ansässige Geschäft verwiesen ist. Die „Rose am Lend" war einmal das „Schuhhaus am Lend". Das Haupthaus am Lendplatz und die dahinter liegenden Lagerhallen wurden umfassend saniert. Mitten in einem sich gerade vom Rotlichtviertel zum Kreativbezirk wandelnden Stadtteil wurden elf Einheiten an hochwertigem, dank Förderungsrichtlinien günstig zu mietendem Wohnraum geschaffen.

Spielerischer Geschichtsumgang
Am Lendplatz stehend merkt man davon wenig. INNOCAD hat die Hauptfassade der Form nach bewahrt, das Erscheinungsbild des giebelständig charmanten Hauses aus dem 18. Jahrhundert aber dennoch komplett verändert. Ein auch die Fensterrahmen und -stege einschließender Anstrich in dunklem Anthrazit setzt das Haus deutlich von seiner Umgebung ab. Unter gleichfalls anthrazitfarbenem Dach steht es nun als homogener, beinahe monolithischer Körper im Stadtraum. Hier wurde keine Architektur realisiert, die sich als gliederungswütiger Baukörper versteht. Hier will man auf Essenz hinaus: Das Gebäude wirkt direkt einem Schwarzplan entwachsen, verhält sich modellhaft glatt zu seinem bunt gescheckten Umfeld. Dennoch verzichtet die „Rose am Lend" nicht gänzlich auf Zierrat. Monumentale, unregelmäßig verteilte Rosen schmücken subtil die Außenwände, stehen leicht erhaben auf gleich getöntem Grund. Ihre Stilisierung folgt einem im Internet gefundenen Prototyp, der außerdem auch Vorbild für die Verzierung der schmiedeeisernen Geländer und Gitter des Hauses war. Als vorfabrizierte Module erinnern sie nicht nur formal an gründerzeitliche Ornamentierung. Und sie verweisen auf den Standort des Gebäudes, auf die Pestsäule am Lendplatz und die Rosenranken, welche dort die Sittsamkeit der Pestheiligen Rosalia preisen. Soviel geistliche Schönheit bricht die säkularisierte Rose in augenzwinkernder Verkörperung des Schwarzen Todes, bleibt sonst aber hoch ästhetisch hinterfangen: Auf den noch feuchten Putz gesprühte Silikatsteinchen glitzern einen ganzen Kosmos auf die Fassade. Womit bewiesen ist: Auch dunkles Anthrazit kann strahlen.

Neues Kleid

Seit beinahe zwei Jahrzehnten schon ist die traditionsreiche Marke WICONA unter dem Dach der Hydro Building Systems erfolgreich. Alle Aktivitäten des Unternehmens sind vom „Hydro Way" geprägt. Das bedeutet, dass der verantwortungsvolle und wirtschaftlich sinnvolle Umgang mit Rohstoffen oberste Priorität hat genauso wie das beständige Bestreben nach Optimierung und eine ganz auf die Produktivität ausgerichtete, Werte schaffende Forschung und Entwicklung. Die Bedürfnisse der Kunden, eine aktive Erschließung der Märkte und das Bestreben, alle Handlungen in Einklang mit den hohen Idealen des sozialen Wirtschaftens zu bringen, rangieren ebenfalls ganz oben auf der Prioritätenskala.

Eines der jüngsten erfolgreich abgeschlossenen Projekte ist der Umbau des „Hauses der Wirtschaft" in Wien, städtebaulich ein wahres Landmark auf dem Weg in die Wiener Innenstadt. Dem architektonischen Grundgedanken liegt ein klares Konzept in Form einer „roten Klammer" zugrunde, die eine ruhige, von Proportionen bestimmte Gliederung der Hauptfassade ermöglicht. WICONA errichtete unter Ausschöpfung sämtlicher Potenziale einer zeitgemäßen Wärmedämmung und eine prozessoptimierten Renovierungsablaufes eine Aluminium-Glasfassade, deren Gestaltung wesentlich zu einem formschönen Gebäudekonzept beiträgt. Durchgeführt wurden eine thermische Sanierung sowie das Schaffen von mehr räumlicher Funktionalität und Kunden- und Benutzerfreundlichkeit. Die rund 950 Mitarbeiter, die in den ansässigen Fachorganisationen, in der Kammerleitung oder in einer der Tochtergesellschaften beschäftigt sind, profitieren nun seit dem Frühjahr von den neuen Räumlichkeiten und einem attraktiven Veranstaltungsort.

Wicona – Hydro Building Systems GmbH
Wallerseestraße 49 | A-5201 Seekirchen
Tel: +43/62 12/2000-0 | Fax +43/62 12/20 236
office.hbs-austria@hydro.com
www.hbs-austria.com
www.wicona.at

Fassade Wand Dach Decke

Im East Beach Café in südenglischen Littlehampton bieten großformatige Glas-Faltwände von Solarlux maximale Öffnungen der Fassade zum Strand.

Cappuccino mit Aussicht

Atemberaubender Blick auf das Meer, unweit von London, leckerer Kaffee: Das vom Londoner Architekturbüro Heatherwick Studio geplante und national wie international mehrfach ausgezeichnete East Beach Café am Strand von Littlehampton in Südengland mutet mit seiner lang gestreckten, flachen Kubatur wie eine gestrandete Skulptur an. Das Besondere an dem Gebäude ist unter anderem die eindrucksvolle Fassade mit fünf sich nach außen öffnenden Glas-Faltwänden mit Öffnungsweiten von 2.850 Millimetern. Sie bestehen aus je drei Flügeln, von denen jeweils ein bis zwei als Dreh- bzw. Drehkippflügel ausgeführt sind, jeder in einer Dimension mit einer Höhe von zweieinhalb Metern und einer Breite von 92 Zentimetern. Ausgestattet mit 24-Millimeter-Standardglas gewährleisten die Glasfalt-Wände durch eine eingelassene Bodenschiene einen barrierefreien Zugang und können mit Rollläden komplett geschlossen werden.

Mit der Umsetzung der öffenbaren Teile dieser spektakulären Hülle wurde das deutsche Unternehmen Solarlux beauftragt, das für diese spezielle Aufgabe, auch in Hinblick auf die starken Einflüsse von Wetter und Meeressalz auf die Fassade, die Glasfalt-Wand SL 80 einsetzte. Sie erlaubt die vollständige Öffnung des Gebäudes und verbindet so den Innen- mit dem Außenraum auf fantastische Art und Weise. Auch wenn die selbst tragende Stahlkonstruktion mit der Zeit eine Patina anlegt, so wird ihre Tragfähigkeit in keinster Weise beeinträchtigt. Aber selbst an Regentagen bleibt die Aussicht ungetrübt: Die schlanken Rahmen- und Flügelprofile von SL 80 lassen ungehindert durchblicken. Verdeckte Beschläge mit Einhandbedienung, gleitende Verriegelung und umlaufende Dichtungen mit mindestens zwei Dichtebenen, die für beste Wärmedämmwerte und behagliche Atmosphäre sorgen, sind Details, die man vielleicht erst beim zweiten Hinsehen entdeckt, die jedoch schon im ersten Augenblick atmosphärisch spürbar sind.

SOLARLUX Aluminium Systeme GmbH
Gewerbepark 9-11 | D-49143 Bissendorf
Tel. +49/0/5402-400-0 | Fax +49/0/5402-400-200
info@solarlux.com | www.solarlux.com
www.solarlux.de

Die schlanken Profile der Glas-Faltwände ermöglichen einen großzügigen Blick auf das Panorama.

Fürstlich und gediegen

Früher waren es die Fürsten zu Hohenlohe, die ihre Jagdgäste auf Schloss Friedrichsruhe einluden. Heute genießen Wellness-Gäste das renommierte Hotel mit seinem reizvollen Park. Nun wurde das Anwesen von den Architekten Hugo und Thomas Müller mit einem Neubau erweitert, der sich gefühlvoll an die bestehende Bausubstanz und an die Natur angleicht. 25 Hotelsuiten, zwei Luxussuiten mit eigenem Wellnessbereich und ein neuer Spa mit Außen- und Innenpool mit Kamin, Lounges, Restaurant, Bistro und Fitnesscenter kamen hinzu. Das Erscheinungsbild des neuen Bauteils ist geprägt von Putzfassaden, Fachwerk und Sandstein. Die durchgängig eingesetzten Holzfenster, verglast mit dem Energiegewinnglas UNITOP® Premium 1.1, zum Teil mit Sicherheitsverglasung ausgeführt, sind wesentlicher Bestandteil der Fassade.

Die Poolbereiche werden durch eine Pfostenriegelkonstruktion separiert, im Obergeschoss wird der Innenpool von einer umlaufenden Galerie umgeben. Die filigrane Konstruktion gibt einen wunderbaren Blick auf die weite, profilierte Hohenloher Landschaft frei, während zahlreiche Verglasungen im Inneren des Hotels überraschende und interessante Durchblicke zu inszenieren wissen. Hergestellt und geliefert wurden sämtliche Gläser für das Schlosshotel vom vielseitigen Sicherheits- und Glastechnikunternehmen SGT aus Tauberbischofsheim, das Gesellschafter der europaweit agierenden Kooperation UNIGLAS® ist, zu der mehr als zwanzig Fachbetriebe der Glasveredelung gehören.

UNIGLAS® GmbH & Co KG
Robert-Bosch-Straße 10 | D-56410 Montabaur
Tel. +49/26 02/949 29-0 | Fax +49/26 02/949 29-299
info@uniglas.de | www.uniglas.net

Fassade Wand Dach Decke

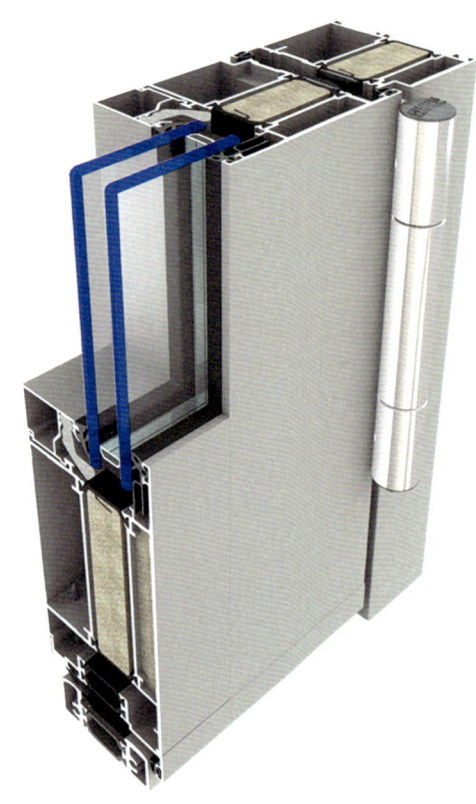

Lambda-Türe 77 L mit Rollentürbändern

Innovative Schwellen- und Sockellösungen

Die Tür zum Fenster

Mit einem Lambda-Türbaukasten ergänzt HUECK + RICHTER das gleichnamige modulare Fenstersystem, welches mit vier untereinander kompatiblen Serien unterschiedlicher Bautiefe und Isolierungsleistung bereits erfolgreich eingeführt wurde. Das neue Türensystem setzt diesen Erfolg nun mit drei Bautiefen, serienübergreifendem Zubehör und flexiblen Gestaltungs- und Einsatzmöglichkeiten fort und wird höchsten Anforderungen gerecht. Außerdem können bei diesem Produkt außergewöhnlich niedrige U_f-Werte realisiert werden. Die Türen der 77er-Bautiefe lassen sich durch optionale Zusatzmaßnahmen bis zu höchsten Isolierungsleistungen ausbauen. Einschieblinge und eine völlig neu entwickelte „U-Wert-Sperre" im Falzraum sorgen dabei für erstklassige U_f-Werte und decken damit die aktuellen Ansprüche an die Wärmedämmung ab. Ein weiterer Vorteil ist die serienübergreifende Einsetzbarkeit von Dichtungen, Verbindern, Zusatzprofilen und Glasleisten sowie die einfache Verarbeitung der Varianten mit 77er und 65er Bautiefe, bei deren Eckverbindungen das gleiche Werkzeug benutzt werden kann. Identische Halbschalen innen und außen garantieren gleiche Ansichtsbreiten.

Der neu entwickelte „Delta-T-Verbund" der 77er-Variante reduziert durch große Temperaturschwankungen bedingte Verformungen und den unerwünschten Bi-Metall-Effekt durch den Einsatz von schubweich verbundenen Halbschalen. Auch Sockel- und Schwellenlösungen mit Höhenverstellbarkeit, absenkbaren Bodendichtungen und flache Schwellen für barrierefreies Bauen, geeignet für den Alt- und Neubau, sind wesentlicher Bestandteil des Sortiments. Auch die Flexibilität kommt nicht zu kurz: Neben der Auswahl verschiedener Öffnungsarten wie Pendel- oder Fingerschutztüren können die Rolltür- und Aufsatzbänder in Aluminium, Stahl oder Edelstahl ausgeführt werden, auf Wunsch sogar mit Linksdrill-Befestigung. Der Austausch der Griffe und Bänder ist auch nachträglich möglich. Die neuen Lambda-Türen können als Fluchttür und für entsprechende Schallschutzanforderungen ausgestattet werden, außerdem lassen sie sich mit dem passenden Einspannblendrahmen problemlos in Fassadenlösungen integrieren. Zur Unterstützung bei der Planung bietet HUECK + RICHTER die Einbindung des Türprogramms in das Kalkulationsprogramm MAP und die Daten für die automatisierte Verarbeitung am Profilbearbeitungszentrum an.

HUECK + RICHTER Aluminium GmbH
Rossakgasse 8 | A-1230 Wien
Tel. +43/1/667 15 29-0 | Fax +43/1/667 15 29-141
office@hueckrichter.at | www.hueckrichter.at

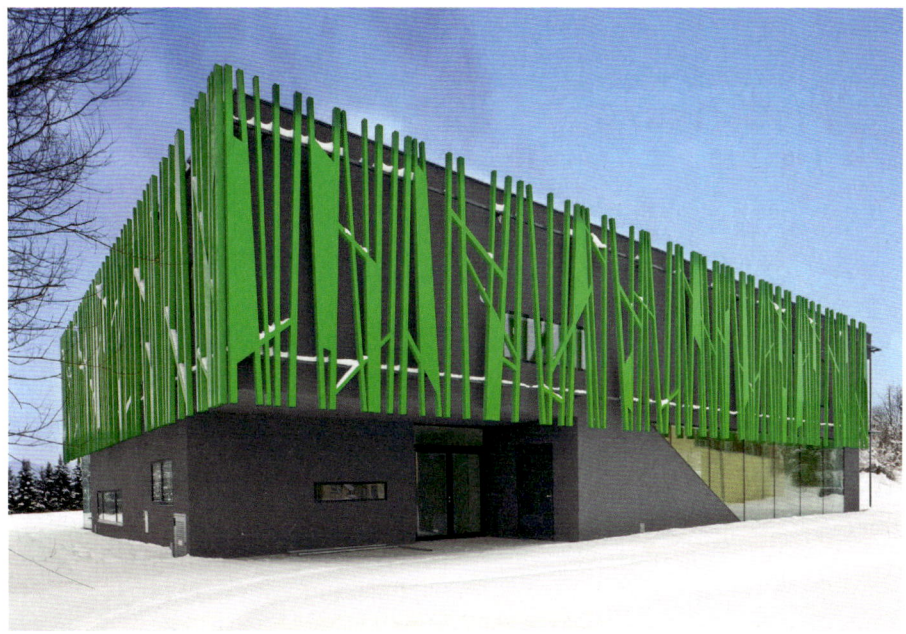

Spiel-Wiese

Der neue Kindergarten von Sighartstein, im Ortsteil Neumarkt am Wallersee, entpuppt sich nicht gleich auf den ersten Blick als solcher. Seine Fassade sieht aus wie ein Grashalmgeflecht in einer Sommerwiese, welches das Gebäude umrankt. Der Entwurf des Architekturbüros kadawittfeldarchitektur – auch bekannt durch das Projekt des Sonderpädagogischen Zentrums in Hallein oder des derzeit im Bau befindlichen Adidas Designcenters in der World of Sports im deutschen Herzogenaurach – ist eine farbliche und technische Umsetzung mit einem neuen Carbon-Fassadenaufbau von Capatect namens DarkSide. Die entstehenden Kontraste zwischen den so genannten „Halmen" in Grün und dem Anthrazit des Putzes sind besonders wirkungsvoll - im Winter, wenn sich die Farben der Umgebung auf schlichtes Schwarz-Weiß beschränken, noch mehr.

Dunkle Farben an WDVS-Fassaden waren bisher nur sehr schwierig umzusetzen. Hohe Oberflächentemperaturen, die große Spannungen auslösen, führten dazu, dass normale Armierungs- und Putzbeschichtungen ihrer Aufgabe oft nicht gewachsen waren. Mit der Carbontechnologie, die Capatect verwendet, gelang aber der Quantensprung. Capatect-Produktmanager Walter Stadlmayr fasst zusammen: „Carbonfasern eignen sich ausgezeichnet dafür, die durch Temperaturschwankungen entstandenen Kräfte kleinpartiell abzubauen und einer Rissbildung vorzubeugen. Der Carbon-Fassadenaufbau DarkSide erlaubt damit bei der Farbgestaltung jede Freiheit." Für die Baumeisterarbeiten war die Ebster Bau GesmbH zuständig, für den anthrazitfarbenen Putz wurde die Putz- und Trockenbau GesmbH aus dem benachbarten Ortsteil Pfongau beauftragt. Das bereits jetzt schon von der Stadt liebevoll genannte „Dschungelhaus" kann nach Abschluss der Innenarbeiten schon bezogen werden. Die Begrünung bildet den Abschluss der Bauarbeiten, der besonders von den Kleinen herbeigesehnt wird.

Capatect Baustoffindustrie GmbH
Bahnhofstraße 32 | A-4320 Perg
Tel. +43/72 62/553-0 | Fax +43/72 62/553-2500
office@capatect.at | www.capatect.at

ROSS School of Business, Michigan USA
Architekten: KPF, New York USA

Die LONGOTON®-Ziegelfassade,
großformatige keramische Fassadenplatten mit **Längen bis 3.000 mm**.

Das Fassaden-System der Zukunft

-vorgehängt, hinterlüftet, wärmegedämmt.

Moeding Keramikfassaden GmbH
Ludwig-Girnghuber-Straße 1
84163 Marklkofen
Germany

Telefon + 49 (0) 87 32 / 24 60 0
Telefax + 49 (0) 87 32 / 24 66 9

www.moeding.de

EADS – Airbus Sevilla A400M in Sevilla, Spanien, von Ramón Escolano.

Best of Trimo

Der weltweit bekannte slowenische Hersteller Trimo hatte zur Teilnahme an den „Trimo international architectural competitions" aufgerufen und nun kürzlich während der Trimo Architectural Days die Preise dafür vergeben: Zum einen die „International Trimo Architectural Awards" (TAN) und zum anderen die „International Trimo Urban Crash Awards" (TUC). Erstere, die die besten nationalen und internationalen Architekturlösungen prämieren, wurden bereits zum vierten Mal vergeben, wobei sich dieses Jahr insgesamt neun Gewinner freuen durften, deren Projekte aus insgesamt 114 Einreichungen aus 14 Ländern als Sieger hervorgingen. Bedingung zur Teilnahme war, Trimo Produkte in das jeweilige Projekt zu integrieren. Zweitere hingegen honorieren die innovativsten und kreativsten Ideen von Architekturstudenten. Aus den 147 eingereichten Projekten aus 17 Ländern konnte ein Vorschlag aus Polen von Jan Ledwon und Alicja Chola den Bewerb für sich entscheiden. Sie kreierten eine sehr skulptural geschnittene Kulturbühne als bauliche Einheit ohne Anfang und ohne Ende. Die Resonanz auf die Wettbewerbe ist außerordentlich groß. Das Engagement und die demonstrierte Ambition, mit einem Produkt bestmöglich umzugehen und auseinander zu setzen, nimmt das Unternehmen als überaus positives Zeichen für die Rolle seiner Erzeugnisse auf dem Markt. General Manager Tatjana Fink freut sich ganz besonders: „Wir sind sehr froh darüber, dass unsere Anstrengungen solche Früchte tragen. Bei Trimo unterstützen wir gerne kreative und freigeistige Denkweisen. Und wir fördern den Informationsfluss und den Austausch frischer Ideen. Jedes eingereichte Projekt bestätigt unser Credo, dass unsere gebaute, urbane Gegenwart und Zukunft dynamisch und wirkungsvoll ist, und wir fühlen uns geehrt, einen Beitrag zur Kreativität, Innovation und einer schönen Umwelt leisten zu dürfen."

Foundry and Testing Room Akrapovič in Ivančna Gorica, Slowenien, von Slavoijka Akrapovič, Robert Zakrajšek und Damjan Holc.

TRIMO ZWEIGNIEDERLASSUNG MARIBOR
Zagrebška Cesta 24 | SI-2000 Maribor
Tel. +386/2/460 24 40 | Fax +386/2/460 24 44
info.mb@trimo.si | www.trimo.si

TRIMO ZWEIGNIEDERLASSUNG AUSTRIA
Wienerstraße 131/D | A-4020 Linz
Tel. +43/732/33 12 44 | Fax +43/732/33 12 74
trimo@trimo.at | www.trimo.at

Durchblicke

Der Bürgermeister von Relecq-Kerhuon wollte ein einladendes und einfach zu betretendes Rathaus für seine Bürger. Die Entscheidung, das originelle Gebäude aus den Dreißiger Jahren zu renovieren, lag nahe, um eine optimale Funktionalität zum Wohl der Kunden und Mitarbeiter zu erreichen. Das moderne Facelift für Innen und Außen wurde von Architekt Lionel Dunet gemeinsam mit dem Verarbeiter PCB und anderen Topunternehmen realisiert. Die architektonische Meisterleistung zeichnet sich durch ein attraktives Äußeres mit einladender Vorderfront, modernen Servicezonen und angenehmen, motivierenden Arbeitsplätzen aus.

Was besonders ins Auge sticht ist die Fassade, die hauptsächlich aus Glas besteht, als Symbol für Transparenz und Neutralität, und möglichst helle Innenräume erzeugt. Um diese aber vor Überhitzung optimal zu schützen, wählte man für diese Aufgabe ein hocheffizientes Sonnenschutzsystem von Renson, dem Marktführer im Bereich Lüftung und Sonnenschutz. Die eingesetzten RENSON KLAPPLÄDEN mit hochwertigen Aluminium-SUNCLIPS-Lamellen und horizontal montierten Aluminium-Lamellen verringern die direkte Sonneneinstrahlung bei gleichzeitiger Reduktion der Blendeffekte, ohne jedoch den Sichtkomfort nach draußen zu beeinträchtigen. Damit entsteht eine komfortable Arbeitsumgebung mit Wohlfühltemperatur drinnen und eine ganze Fassade als Riesen-Lamellenwandsystem außen. Während über den Fenstern im unteren Teil ein starrer Sonnenschutz mit horizontalen, unter den Trägerprofilen angeordneten SUNCLIPS-Lamellen vorgeschrieben waren, wurden im oberen Teil bewegliche, auf den C-förmigen RENSON Sunclips EVO 96 Lamellen basierende Klappelemente angebracht, die in die auf einem geeigneten Trägerprofil montierten Lamellenhalter eingeklipst sind. Jeder Mitarbeiter kann die Klappläden selbst regulieren, wobei auch im hochgefahrenen Zustand immer noch Schatten und Blendschutz gegeben ist.

Renson NV
Maalbeekstraat 10 | B-8790 Waregem
Tel. +32/56/62 71 11 | Fax +32/56/60 28 51
export@renson.net | www.renson.eu

www.kemperol.at

Flüssig abdichten: KEMPEROL®

- Lösemittelfrei und geruchsneutral*
- Für alle Abdichtungsaufgaben innen und außen
- Langzeitsicher bis ins Detail
- Dauerelastisch
- Jahrzehntelange Praxiserfahrung
- Weltweite Referenzen

*KEMPEROL® 2K-PUR

Wir haben die Lösung:
Tel. 07229 78702
Mobil 0699 11520332

KEMPER SYSTEM GmbH & Co. KG
Vertriebsbüro Östereich
Manfred Linzner
Baumeister
Pumaweg 7 • 4055 Pucking

Fassade Wand Dach Decke

Rekordverdächtig

In der Kärntner Landeshauptstadt Klagenfurt entsteht derzeit eines der modernsten Gesundheitszentren Europas, das sich gleichzeitig auch energietechnisch auf dem aktuellsten Niveau bewegt. Für den neuen Medizinkomplex werden insgesamt 314 Millionen Euro investiert. Bezüglich der Dämmung der Flachdächer entschied man sich für steinodur UKD® des österreichischen Dämmstoffherstellers Steinbacher, der mit seinem Produkt mit einer Rekordstärke von bis zu 400 Millimetern bei der Wärmedämmung am Umkehrdach bisher konkurrenzlos ist. In Österreich ist es das einzige Erzeugnis seiner Klasse, das alle normativen Anforderungen der einschichtigen Verlegung erfüllen kann.

steinodur UKD® ist zudem auch bei extremen Temperaturschwankungen gegen die Bildung von Wärmebrücken resistent und garantiert noch mehr Kostenersparnis bei noch besserer Wärmedämmung und längerer Lebensdauer.

Diese Eigenschaften überzeugten auch das verarbeitende Unternehmen Fleischmann & Petschnig GmbH, das 30.000 Quadratmeter des Steinbacher Produktes in einer Stärke von 200 Millimetern auf Österreichs größter Hochbau-Baustelle des Jahres 2008 verlegte. 2006 wurde mit dem Bau begonnen, die Fertigstellung ist für 2010 vorgesehen. Das neue Landeskrankenhaus Klagenfurt, das auf einem neun Hektar großen Baufeld entsteht, umfasst eine Gesamtnutzfläche von 71.000 Quadratmetern bei einer Bruttogeschoßfläche von 95.000 Quadratmetern.

Steinbacher Dämmstoffe
Salzburgerstraße 35 | A-6383 Erpfendorf
Tel. +43/5352/700 | Fax +43/5352/700-530
office@steinbacher.at | www.steinbacher.at

Einfach bodenständig

Seine Einstellung verpflichtet ihn, Innovation, Materialien, Technologie und Formensprache mit örtlichen Traditionen in Einklang zu bringen und dem Menschen zuträgliche, nachhaltige Baustoffe den modischen oder veralteten vorzuziehen. Klaus Fessl, Planer aus Leidenschaft, hat sich aus diesen Gründen für Produkte von RHEINZINK® entschieden, als es darum ging, für ein für eine Försterfamilie geplantes Haus Dach und weite Teile der Fassade auszustatten. Nachdem für die Stadtsiedlung, in der das Haus stehen errichtet wurde, Satteldächer vorgeschrieben sind, wurde für den einen, zur Straße hin orientierten Bauteil QUICK STEP® - Das RHEINZINK Treppendach ausgewählt. Das mit zahlreichen Innovationspreisen ausgezeichnete Dachsystem passt farblich und strukturell perfekt zur Lärchenholzfassade ebenso wie zur RHEINZINK®-Steckfalzpaneel-Fassade des Kubus, die die horizontale Struktur des Treppendaches aufnimmt.

RHEINZINK®-„vorbewittert[pro] blaugrau", aus dem nun Dach und Fassade gemacht sind, harmoniert perfekt mit dem Honiggelb der Lärchenfassade. Sogar der Kamin wurde mit demselben Material bekleidet. Das Fassadensystem der RHEINZINK®-Steckfalzpaneele erfüllt ebenfalls optimale ästhetische Kriterien, weil es eine plane Oberfläche anbietet und die Linie des Daches fortführt. Sowohl Architekt als auch Bauherren sowie der beauftragte RHEINZINK®-Qualitäts-Spenglermeister Gerhard Nimmervoll zeigen sich restlos begeistert. „Das Naturmaterial RHEINZINK® ist ursprünglich, handwerklich und gleichzeitig Hightech", sagt Nimmervoll, der auf die effektiven und einfachen Strukturen, die man damit erstellen kann, schwört. „Damit können außergewöhnliche, handwerklich schöne Spenglerarbeiten gemacht werden." Bleibt noch zu erwähnen, dass die Hülle aus dem Ökowerkstoff RHEINZINK® ein optisch und praktisch zeitlos perfekter Gebäudeschutz ist, der weder gewartet noch gepflegt werden muss. Mit einem Wort: Ein Traumprodukt.

RHEINZINK Austria GmbH
Industriestraße 23 | A-3130 Herzogenburg
Tel. +43/2782/85 247-0 | Fax +43/2782/85 191
info@rheinzink.at | www.rheinzink.at

Fachgerechte Drainage und Entwässerung

Damit Grünflächen auf Dächern in Verbindung mit Gehbelägen dauerhaft funktionssicher sind, muss die Technik stimmen.

Neben Dränageleistung und Druckstabilität ist auch ausreichend hohe Wasserspeicherkapazität des Aufbaus gefordert. Mit Systemaufbauten von ZinCo sind Sie auf der sicheren Seite.

ZinCo GmbH, Grabenstraße 33, 72669 Unterensingen
Tel. 07022 6003-0, Fax -300, E-Mail: info@zinco.de
www.zinco.de

UNIGLAS® – ALLES KLAR

UNIGLAS® | SLT Software

Für jedes Projekt die optimale Glaslösung – unabhängig und objektiv.

UNIGLAS® hat in Europa die wegweisende Servicesoftware UNIGLAS® | SLT entwickelt. So können die UNIGLAS®-Gesellschafter Ihnen unterschiedlichste Produkte zahlreicher Basisglas-Hersteller unabhängig und objektiv gegenüberstellen und bewerten. Das garantiert Ihnen optimale Glasprodukte zu jeder Anforderung.
Nutzen Sie unseren Service jetzt!

Ihre Vorteile:

- Integration unterschiedlichster Produkte zahlreicher Basisglas-Hersteller
- Produktbewertung, -produktion und -vertrieb aus einer Hand
- Objektive unabhängige Beratung
- Optimaler Isolierglasaufbau für jede Projektanforderung inkl. Produktdatenblatt

UNIGLAS GmbH & Co. KG
Robert-Bosch-Straße 10
D-56410 Montabaur

www.uniglas.net

Mailand wächst

Dort, wo sich der geschichtsträchtige Industriekomplex einer der ehemals größten Produktionsstätten für Medikamente und chemische Substanzen befand, isoliert und physisch klar von der Stadt getrennt, entsteht heute ein neues Stück Mailand. Das Areal „Carlo Erba", das 1998 endgültig geschlossen wurde, ist endgültig Vergangenheit, denn dort entsteht etwas ganz Neues. Im Zuge der Umwidmung zahlreicher städtischer Räume mit diesem Schicksal entstehen nun viele neue Standorte für den Dienstleitungssektor und leiten einen bedeutenden stadtplanerischen Wandel lombardischen Hauptstadt ein. Deutlich an das urbanistische Geschehen herangerückt und angebunden, soll auf dem knapp 100.000 Quadratmeter große Areal eine harmonische Mischung aus Siedlung und Park entstehen, bei der das „Ankommen", das „Verlassen" und das „Durchqueren" eine wichtige Rolle spielen werden. Einziges verbleibendes Relikt aus alten Tagen: Der Fabriksschlot.

Ein Team aus renommierten internationalen Architekten wurde mit der Aufgabe betraut, auf „Carlo Erba" einen multifunktionalen Park mit Büros, Geschäften, Gastronomie, Fitnesszentren, Raum für Kultur und Kongresssälen zu schaffen. Mit der Umsetzung verschiedener Ideen wurde Stahlbau Pichler aus Südtirol engagiert: Zum einen beauftragte man das Unternehmen für die Planung und Umsetzung der Fassade für das vom Berliner Architekturbüro Sauerbruch Hutton entwickelte Gebäude MAC567, die als Doppelfassade mit hohlem Zwischenraum zwischen den beiden Glasflächen, durch den die Luft zirkulieren kann, ausgeführt wird. Dieses System – aus auf eigens von AluK produzierten Aluminiumprofilen montierten, mit elektronische gesteuertem Sonnenschutz ausgestatteten Doppelfassadenmodule bestehend - gilt als eines der umweltfreundlichsten und nachhaltigsten verfügbaren Bauelemente. Als Außenverkleidung verwendete man mittels Siebdruck in 30 Farbvarianten getöntes Glas und schafft damit harmonische Übergänge in die umgebende Grünzone. Beim Gebäude B-Fase 3, ein Projekt von Italo Rota, wurde Stahlbau Pichler ebenfalls mit der endgültigen Planung und Produktion der Fassade, aber auch mit der Umsetzung der Tragkonstruktion nach Plänen des Architekturbüros Planning aus Bologna beauftragt. Für das 2.700 Quadratmeter große Fassadensystem aus Tragpfeilern und Querleisten aus Stahl und Glasflächen wurden Profile aus einem ad hoc produzierten Stahltyp verwendet, der mittels thermischer Trennverfahren geschnitten wurden. Nach der Montage wurde die Struktur lackiert und die Fugen mit Klebemittel des Typs SIKA voll verklebt. Die anspruchsvolle Konstruktion und die ästhetischen Feinheiten – sämtliche Knotenpunkte des Bauwerks wurden abgedeckt oder nach der Montage verschweißt – sowie die Anbringung der Außenfassade mit über 24 Meter freier Beleuchtung und mehr als 300 verschieden geformten Glaselementen machen die Gestaltung zwar sehr aufwändig, dafür aber absolut einzigartig.

Stahlbau Pichler GmbH
Edison Straße 15 | I-39100 Bozen
Tel. +39/04 71/06 50 00 | Fax +39/04 71/06 50 01
info@stahlbaupichler.com
www.stahlbaupichler.com

Innovative und konstruktive Dimensionen

Dank einer Neuentwicklung von Glas Trösch lassen sich Sicherheitsverglasungen und Haltekonstruktionen für Verbundsicherheitsglas (VSG) ab sofort wesentlich schlanker und leichter ausführen. Das auf der BAU in München erstmals präsentierte LAMEX X-STRONG weist, im Vergleich zu konventionellem VSG, bei gleicher Dicke deutlich mehr Tragfähigkeit auf – entscheidende Vorteile beispielsweise bei absturzsichernden Verglasungen, im Hinblick auf die verschärfte, neue Windlastnorm oder die Ermöglichung größerer Spannweiten dank Gewichtseinsparung. LAMEX X-STRONG erweitert maßgeblich die Anwendungsmöglichkeiten von VSG in besonders transparenter, filigraner Architektur. Bei gleicher Stärke des Gesamtaufbaus der Scheiben kann die Tragleistung der Verglasung von LAMEX X-STRONG um deutlich über 40 Prozent erhöht werden. Zudem ermöglicht das Produkt die Planung größerer Spannweiten. Neben diesen gestalterischen Vorteilen ermöglicht LAMEX X-STRONG ein kostengünstigeres Bauen.

Da alle Funktionselemente geringeren Beanspruchungen unterliegen, steigt deren Dauerhaftigkeit, und der Energie- und Materialaufwand bei deren Herstellung sinkt. Glas Trösch hat für LAMEX X-STRONG eine Allgemeine bauaufsichtliche Zulassung erhalten. Mit LAMEX X-STRONG haben Planer von großen Glasfassaden die Möglichkeit, sich zielgenau und wirtschaftlich auf die verschiedenen Windbeanspruchungen jeder einzelnen Teilfläche und Gebäudeseite einzustellen. Denn mit der neuen Windlastnorm DIN 1055, Teil 4, wurde auf die Zunahme und die steigende Heftigkeit von Stürmen nicht nur mit vier regionalen Windlastzonen für Deutschland reagiert. Auch die Fassaden selbst werden jetzt deutlich stärker nach Ausrichtung, Höhe und Windanströmung differenziert.

Der Neubau der von Fritz Hack geplanten Zeppelin Universität Friedrichshafen überzeugt durch seine leichte, transparente Bauweise.

Glas Trösch Beratungs-GmbH
Benzstraße 13 | D-89079 Ulm
Tel. +49/731/40 96-0 | Fax +49/731/40 96-190
info@glastroesch.de | www.glastroesch.de

LAMEX X-STRONG von Glas Trösch kommt mit geringer dimensionierten Haltekonstruktionen aus.

Die Erweiterung der Pathologie des LKH in Feldkirch von Marte.Marte Architekten ist durch eine schwarze Aluminiumfassade geprägt. Foto: Marc Lins/www.alufenster.at

Schwarz und Weiß

Das Landeskrankenhaus im Vorarlberger Feldkirch wurde durch einen neuen High-Tech-Zubau der pathologischen Abteilung erweitert, der von einer schwarzen Hülle aus eloxiertem Aluminium und weißen Innenräume geprägt ist. Für den Entwurf zeichnen Marte.Marte Architekten verantwortlich, die an den Altbau einen markanten Neubau hinzufügten, der sich auch in unmittelbarer Nähe des Hubschrauberlandeplatzes befindet. Der architektonische Charakter des beeindruckenden, zweigeschossigen Baukörpers in Schwarz wird auch von großzügigen Fensterelementen mit außen liegendem Sonnenschutz bestimmt.

Die neuen Innenräume sind das farbliche Kontrastprogramm zur schwarzen Hülle. Helle Epoxydharzböden, weiße Wand- und lackierte Deckenflächen zeichnen ein strahlendes, weißes Ambiente, das von der großen Menge an Tageslicht, welches durch die großen Glasflächen strömt, noch stärker unterstrichen wird. Spannende Lichtspiele entstehen durch die horizontalen und vertikalen Öffnungen, begleitet von charmanten Durchblicken in den Innenhof und in den Garten. Variabel als Teil der inneren Struktur und ebenfalls lichtdurchflutet sind auch die Labors gestaltet, die sich in unmittelbarer Nähe zueinander befinden. Für die Ausführung beauftragte die Vorarlberger Krankenhaus Betriebsgesellschaft einen Metallbauer, der die Gemeinschaftsmarke ALU-FENSTER® führt. Man vertraute auf die erstklassige Metallbautechnik, die in der Planung und Umsetzung allen architektonischen Anforderungen gerecht wird. So ist die Außenhülle beispielsweise durch die Nähe zum Hubschrauberlandeplatz starken, schwer berechenbaren Windkräften ausgesetzt und muss ein hohes Maß an Schallschutz bieten. „Ohne Aluminium wäre das Bauwerk in dieser Art und Weise nicht realisierbar gewesen", ist Architekt Bernhard Marte begeistert.

AFI Aluminium-Fenster-Institut
Johnstraße 4 | A-1150 Wien
Tel. +43/1/983 42 05 | Fax +43/1/983 42 06
office@alufenster.at | www.alufenster.at

Der Innenraum der Pathologie wird durch die Farbe Weiß beherrscht. Foto: Marc Lins/www.alufenster.at

architektur.aktuell, No.354, 9.2009

Extravagante Sonnenhüte: Alle 1.250 dieser „behüteten" Oberlichter wurden flüssig mit Kemperol abgedichtet.

Licht von oben

Es ist mit seinen 11.000 bedeutenden Exponaten eines der renommiertesten Kunstmuseen im Südosten der USA: Das Atlanta High Museum of Art wurde 1905 erbaut, 1983 ergänzte Architekt Richard Meier den Bau durch eine moderne Erweiterung. Renzo Piano wurde einige Jahre später beauftragt, gemeinsam mit Lord, Aeck & Sargent Architecture einen weiteren neuen Flügel zu errichten.
Eine Besonderheit des Museumsgebäudes ist das 1.850 Quadratmeter große Betondach, das von insgesamt 1.250 jeweils in einem Abstand von 45 Zentimetern eingebauten, runden metallenen Oberlichtern gekrönt wird, die allesamt mit halbrunden, wie spitz zulaufende Hüte anmutenden Lichtschutzblenden umgeben sind. Sie helfen, das Tageslicht nur dosiert in das Gebäudeinnere eindringen zu lassen. Für die Abdichtung der gesamten Dachfläche und der diffizilen Oberlichter wurde die Firma Kemper System beauftragt, die die Aufgabe mit der Flüssigabdichtung Kemperol V 210 löste. Mit der Entscheidung für dieses Produkt wollte man sicherstellen, dass das System für lange Zeit funktionssicher ist und dauerhaften Schutz bietet. Dazu wurde vorbereitend eine Kempertec EP-Grundierung aufgetragen, die einen optimalen vollflächigen Haftverbund mit dem Betonuntergrund gewährleistet. Schließlich wurde die Oberfläche mit dem Kemperdur Quarzbelag beschichtet. Schon jetzt wurde an die Zukunft gedacht: Das Dach soll Dekaden später problemlos erneuert werden können und in der Zwischenzeit für Inspektionen leicht zugänglich sein. Nach dem erfolgreichen Abschluss der Arbeiten widmete sich das Atlanta High Museum of Art gleich dem nächsten anstehenden Projekt Louvre Atlanta, das in Form einer beispiellosen Partnerschaft mit dem Pariser Louvre hunderte Meisterwerke nach Atlanta bringt.

Die Architekten legten besonderen Wert auf ein Material, das möglichst nahtlos in Fläche und Detail zu verarbeiten ist.

Kemper System
Holländische Straße 32-36 | D-34246 Vellmar
Tel. +49/561/82 95-0 | Fax +49/561/82 95-10
post@kemper-system.com
www.kemper-system.com

Sächsisches Staatsarchiv Dresden
Architekten: Schweger Assoziierte Gesamtplanung GmbH, Berlin

Klinker-Riegelformat

Aus dem GIMA-Produktsortiment

- Klinker
- EURO-Modul-Klinker
- Terrakotta-Fassaden
- Altbaierische Handschlagziegel
- Akustikziegel
- Ziegelsichtmauerwerk-Fertigelemente

Girnghuber GmbH
Ludwig-Girnghuber-Straße 1
84163 Marklkofen

Telefon 08732-24-0
Telefax 08732-24-200

www.gima-ziegel.de

GIMA
Qualität aus Ton

Fassade Wand Dach Decke

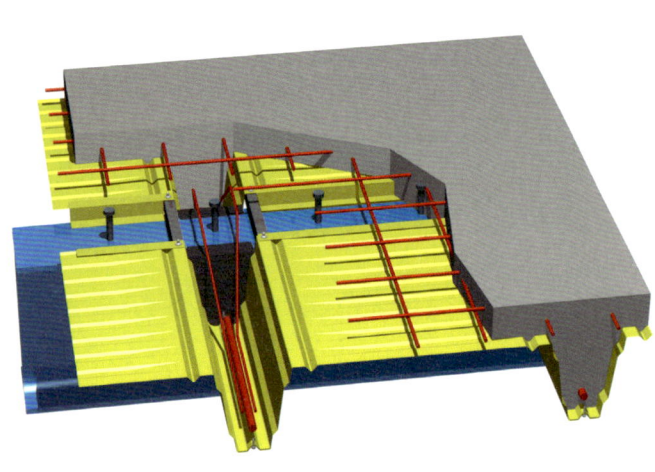

Hoesch AdditivDecke® 3D

Liebherr baut eines der größten Parkhäuser Österreichs

Perfekt geparkt

Die Verbindung von Tradition und Innovation, von Reflexion und Pragmatismus und der sorgfältige Umgang mit Ressourcen sind Begriffe, die eng mit der Architekturlandschaft Vorarlbergs verbunden sind. Das gilt auch für die Errichtung von Parkhäusern, die nicht an diesem Image kratzen wollen. Die sich in den letzten Jahren sehr dynamisch entwickelnde Liebherr-Werk Nenzing GmbH hat im Zuge der Erweiterung des Standortes Vorarlberg für den Eigenbedarf ein sieben Stockwerke hohes Parkhaus mit 13 Parkebenen und 1.050 Stellplätzen in Auftrag gegeben, das eines der größten Parkhäuser Österreichs sein wird. Baubeginn des Acht-Millionen-Euro-Gebäudes, das in vorgefertigter Stahlbauweise ausgeführt wird, war im Frühjahr, die Inbetriebnahme ist für den kommenden Herbst vorgesehen. Weiters wird der Auftraggeber auch in einen groß angelegten Ausbau an Produktionskapazitäten und in den Ausbau der Infrastruktur investieren.

Maßgeblich an der Errichtung des neuen Parkhauses beteiligt ist die Firma Hoesch mit ihrer innovativen, Ressourcen sparenden AdditivDecken-Bauweise auf einer Fläche mit insgesamt 22.000 Quadratmetern, die durch ihre weitgehende Stützenfreiheit als überaus funktional gilt und kostenoptimiert sowie in kürzester Zeit gebaut werden kann. Kostensicherheit, Wertbeständigkeit und der wirtschaftliche Betrieb des schlüsselfertig zu übergebenden Parkhauses waren für den Auftraggeber ausschlaggebende Faktoren für die Investitionssicherheit. Die Hoesch AdditivDecke®, deren Name von der einzigartigen additiven Bemessung der beiden Tragglieder und der patentierten hängenden Lagerung auf seitlich auskragenden Stahlknaggen her rührt, ist ein Leichtdeckenkonzept aus hohen Stahlprofiltafeln und einer vor Ort erstellten Stahlbetonrippendecke, das hauptsächlich bei Bauten des ruhenden Verkehrs eingesetzt wird. Aber auch im Büro- und Verwaltungsbau kommt das System zum Einsatz, sogar als Sichtdecke, wenn ein Brandwiderstand kostengünstig integriert werden kann. Durch hochwertige Farbbeschichtungen und eine mögliche Bauteilaktivierung kann in diesem Gebäudesegment auch das Raumklima auf die wirtschaftlichste Art verbessert werden.

Atrium Bratislava – ein weiteres Referenzobjekt von Hoesch mit integriertem Brandschutz

---

Hoesch Bausysteme GmbH
Ein Unternehmen von ThyssenKrupp Steel
Tenschertstraße 3 | A-1230 Wien
Tel. +43/1/615 46 40 | Fax +43/1/615 46 30
office@hoesch.at | www.hoesch.at

Bahnen des GKD-Omegagewebes bilden die 4.000 Quadratmeter große transluzente Hülle.

Musik macht Mut(h)

Ein neues Baujuwel in Graz – das Haus für Musik und Musiktheater, kurz MUMUTH – ist ein architektonisches Dokument frappierender Seelenverwandtschaft von Musik und Architektur. Das niederländische Architekturbüro UNStudio, geleitet von Ben van Berkel, bringt eine identitätstiftende Dialektik zwischen den beiden Kunstrichtungen zum Ausdruck, die sich als zart besaiteter Klangkörper in einer filigranen Hülle aus Metallgewebe der GKD – Gebr. Kufferath AG ihr eigenes Kapitel in der zeitgenössischen Architekturgeschichte sichern wird. Ben van Berkel macht mit dem Gebäude das Medium Musik sinnlich erfahrbar, indem er die klassische Beziehung zwischen Musik und Architektur mit bewussten Verdrehungen neu interpretiert und mit freien fließenden Formen und Raumanordnungen gestaltet, deren Höhepunkt der so genannte TWIST – eine gegeneinander verdrehte Spirale aus Sichtbeton – ist. Herzstück des Gebäudes ist der 530 Quadratmeter große, multifunktionale Saal mit wegweisender Bühnentechnologie.
Genauso aufregend wie die Architektur selbst ist auch ihre Hülle, die mit ihrer leicht gewölbten, metallischen Haut den Bau zu einem dezent schimmernden Monolithen macht. Insgesamt 66 Bahnen Omegagewebe umgeben das MUMUTH auf einer Fläche von 4.000 Quadratmetern. Während tagsüber ein behutsamer Dialog mit der Umgebung geführt wird, so sind es in der Nacht die inszenierten LEDs, die die schützende Membran zum Erstrahlen bringen. Die unterschiedlich dichten Übergänge der textilen Haut bieten Sicht- und Sonnenschutz und veranstalten ein lebendiges Spektakel der besonderen Art: Sie werfen verfremdete Notenschlüssel auf den Fußboden der Innenräume, die sich mit dem sich ändernden Sonnenstand in eine unhörbare Melodie aus bewegten Noten verwandeln. Die zweifach gekrümmten Bereiche der Fassade stellten eine besondere Herausforderung dar, denn die Schnittkanten mussten gebogen gefertigt, zusätzlich mit Flachprofilen konfektioniert und aufwändig fixiert werden. Das Unglaubliche ist perfekt gelungen – eine wahre Sinfonie aus Glas, Beton und Edelstahl.

Abends inszenieren LEDs die schützende Gewebehülle als Komposition aus Transparenz und Farbenspiel.

GKD – Gebr. Kufferath AG
Metallweberstraße 46 | D-52353 Düren
Tel. +49/2421/803-0 | Fax +49/2421/803-227
creativeweave@gkd.de | www.creativeweave.de
www.medienfassade.com

Insgesamt waren etwa 800 Sonder-Ziegelelemente erforderlich und wurden vom Hersteller, der MOEDING Keramikfassaden, nach den Vorgaben der Architekten produziert, um die Grafik des Hauses nachzuzeichnen.

Aus einem mit Sandsteinplatten bekleideten Erdgeschoss erwachsen gigantische Fassaden aus vertikal montierten Ziegelelementen, teils geschlossen und teils ausgebildet als transparente Stabkonstruktionen, durchdrungen von eigenständigen, eingeschobenen Kuben aus Glas.

Stein auf Stein

Sie haben den beschränkt ausgeschriebenen Wettbewerb gewonnen: Das weltweit tätige New Yorker Architekturbüro Kohn-Pedersen-Fox Associates wurde mit dem Neubau der Hochschule auf dem Campus der Universität Michigan in Ann Arbor, der Ross School of Business, beauftragt. Die Universität genießt den Ruf, eine der besten Wirtschaftsschulen der USA zu sein, hat aber in der Zwischenzeit ihre räumlichen Kapazitäten gesprengt, so dass man sich schließlich für den Abriss und Neubau entschied. Außerdem wollte man ein neues, dem hohen wissenschaftlichen Anspruch entsprechendes Erscheinungsbild schaffen. Ausgeführt wurde das Projekt nun mit Fassaden aus naturroten, zum Teil stehend montierten Ziegelelementen, die teils geschlossen verarbeitet, aber auch teils als offene transparente Pfeilerkonstruktionen ausgeführt wurden, die von mächtigen Glaskuben durchdrungen werden. Damit gelang ein eindrucksvolles, architektonisches Zitat der Moderne, das gleichzeitig die Inhalte der Ross School of Business nach außen verkörpert.

Der virtuose Einfallsreichtum der Architekten stellte die ausführende Firma MOEDING Keramikfassaden vor eine Fülle von Aufgaben. Es waren nicht weniger als 40 verschiedene Grundformen und darauf basierende 425 Sonder-Ziegelformate notwendig, um die vielfältigen Anwendungen und die gestalterischen Variationen im Rahmen der ausgewählten Produktlinie Longoton zu meistern. Um jedes Format und jeden Formziegel zur richtigen Zeit am richtigen Ort verfügbar zu haben, wurde auch eine ausgefeilte Logistik erarbeitet. Die war nur möglich durch die enge Zusammenarbeit von Hersteller und Verarbeiter. Aufgrund der Exaktheit und Präzision konnten Übergänge, Anschlüsse, aber auch Maßdifferenzen der unterschiedlichen Gestaltungselemente sauber ausgeführt werden. Die Longoton-Ziegelfassade, die ornamental in Vor- und Rücksprünge gegliedert und reliefartig durch glatte und strukturierte Oberflächen belebt ist, bildet mit den transparenten Glasflächen einen elementaren Kontrast, der schließlich das eigentliche Signum des neuen Universitätsgebäudes ist. Qualität findet bei diesem Projekt ihren hundertprozentigen Ausdruck.

Moeding Keramikfassaden GmbH
Ludwig-Girnghuber-Straße 1 | D-84163 Marklkofen
Tel. +49/87 32/246-0 | Fax +49/87 32/246-69
info@moeding.de | www.moeding.de

Klassische Fuge

Das Architektenduo schröder schulte-ladbeck ist auf die Planung von Konzerthäusern und außergewöhnlichen Lösungen spezialisiert. Aus diesem Grund entschied man sich nach einem EU-weiten Bewerbungsverfahren für den Bau des Konzerthauses im Schlosspark Grafenegg, zu dem fünf internationale, renommierte Studios geladen waren, zugunsten des Dortmunder Büros, dessen konzipiertes Dortmunder Konzerthaus zu den besten Konzertsälen der Welt zählt. Seit 2007 findet ein neues Musikfestival unter der Leitung von Rudolf Buchbinder in diesem historischen Ambiente statt, das nun durch den Neubau des Konzerthauses, das sich sensibel in die Kulturlandschaft einfügt und durch akustisch überzeugende Maßstäbe glänzt, ergänzt wurde.

Der Entwurf ist ein durch gläserne Verbindungen an die „Alte Reitschule" angebundener Baukörper, der für 1.200 Besucher ausgelegt ist. Das Gestaltungskonzept lehnt sich in Hinblick auf Gestalt, Maß, Zahl, Proportion, Material und Farbigkeit an die musikalische Fuge an, was seinen signifikantesten Ausdruck in der Fassade findet. Diese ist, passend zur historischen Bausubstanz, in ein Kleid aus Kupferbahnen der Marke TECU®Classic von KME Germany AG gehüllt. Bei der Eröffnung noch ganz in glänzendem Kupferrot, beginnt sich die Oberfläche wie geplant durch die Witterung bereits braun und anthrazitfarben zu verändern. Auch hat sich das Kupfer in der Zwischenzeit erwartungsgemäß durch Oxidation seine Schutzschicht angeeignet. Durch die farbliche, natürliche Wandlung setzt je nach Lichteinfall ein lebendiges Farbspiel ein, dass in einigen Jahrzehnten mit dem kupfertypischen Patinagrün abgeschlossen sein wird.

KM Europa Metal AG
Technische Kundenberatung TECU®
Postfach 3320 | D-49023 Osnabrück
Tel. +49/541/321-4332 | Fax. +49/541/321-4030
info-tecu@kme.com | www.tecu.com
KME Austria Vertriebs GmbH
Slamastraße 48 | A-1232 Wien
Tel. +43/1/616 79 86-0 | Fax. +43/1/616 79 86-36
info-at@kme.com

166 Fassade Wand Dach Decke

Profil zeigen

Moderne Fassadengestaltungen liegen voll im Trend. Um auch den Bauvorhaben, die sich mit historischer Bausubstanz auseinander setzen, gleiche Gestaltungsmöglichkeiten anbieten zu können, benötigt man die adäquaten Fassadenprofile. Austrotherm unterstützt mit maßgeschneiderten Profilen alle Architekten und Planer, die nur ungern bei ihrer Fassadengestaltung an die Grenzen stoßen. Der langjährige Spezialist für historische Repliken ist darauf eingerichtet, Profile ganz nach den Wünschen und Vorstellungen zu fertigen. Auch Sonderanfertigungen mit einer jeweiligen Detailskizze sind jederzeit möglich. Damit ist es kein Problem mehr, neuen Zweckbauten ein charismatische Äußeres und jedem Projekt einen eigenständigen, unverwechselbaren Charakter zu verleihen.

Außerdem bietet Austrotherm Fassadenprofile bei der Renovierung von alter Bausubstanz einen speziellen Service an: Eine kostengünstige Reproduktion authentischer Formen, die gerade bei klassischen Fassaden, die durch Umwelteinflüsse stark in Mitleidenschaft gezogen sind, gefragt sind. Nicht einmal Sandsteinprofile aus der Hand eines Steinmetzes sind auf Dauer unverwüstlich. Als Originalreplik jedoch meist unbezahlbar, kann Austrotherm Fassadenprofile seinen Kunden mit seinen Produkten ein hervorragendes preisliches Angebot offerieren. Darüber hinaus sind die Erzeugnisse von Austrotherm überaus haltbar und vor allem leicht zu verarbeiten.

Austrotherm GmbH
Friedrich-Schmid-Straße 165 | A-2754 Wopfing
Tel. +43/26 33/401-0 | Fax +43/26 33/401-111
info@austrotherm.at | www.austrotherm.com

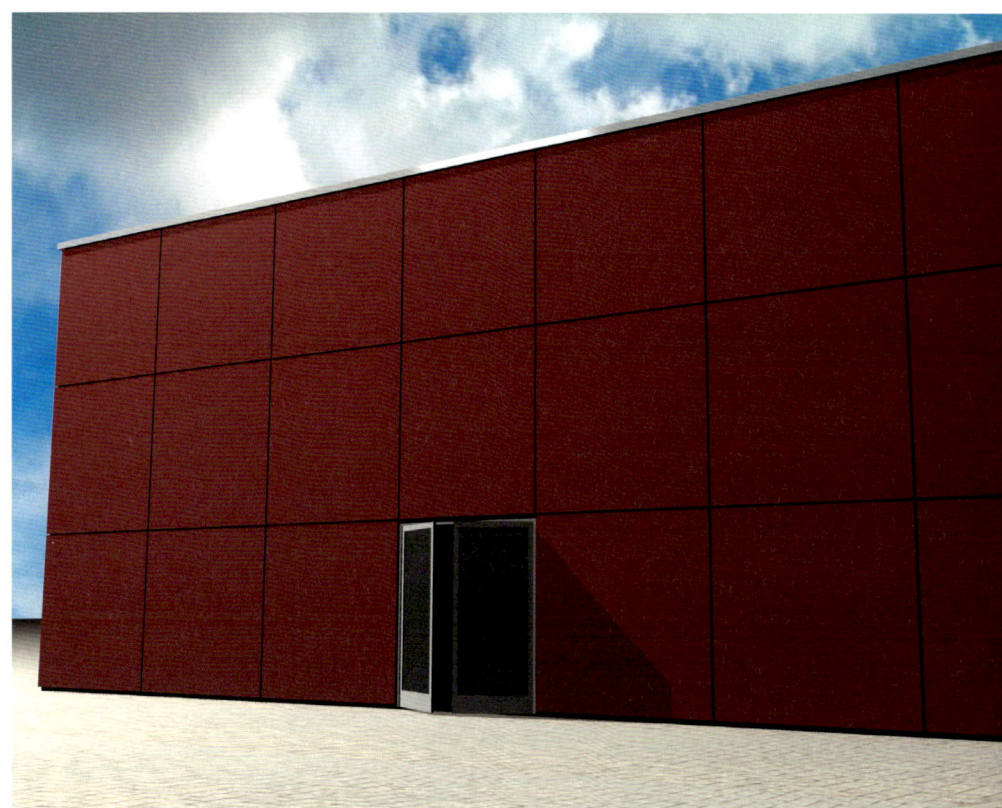

Trespa International hat eine neue Plattengröße innerhalb der Trespa Meteon-Reihe am Markt eingeführt.

Ganz schön groß

Eine nie da gewesene Gestaltungsfreiheit durch größere Plattenformate bietet nun Trespa International, führender Hersteller von hochwertigen Platten für die Außenbekleidung und weiterer Anwendungen, mit seiner 4.270 mal 2.130 großen Trespa Meteon-Platte mit Satin-Oberfläche namens Trespa Meteon ZF an. Das neue Produkt ist in allen Trespa Meteon Farben, in allen Standard-Stärken und in HPL-Kompakt erhältlich. Der gesteigerte Kundennutzen ist leicht erkennbar: „Die Einführung der neuen Platte eröffnet Architekten und Designern eine Fülle an Möglichkeiten. Mit dem zusätzlichen Format lassen sich neue Formen und Kombinationen gestalten, die vorher nicht umgesetzt werden konnten, weil sie unwirtschaftlich waren", erklärt Trespa Projektmanagerin Claire Pépin. Die neuen Platten umfassen beispielsweise nun Maße von zwei mal zwei oder zwei mal einen Meter und bringen daher einen großen wirtschaftlichen Nutzen hinsichtlich Verschnittoptimierung mit sich. Ein wesentlicher Vorteil, den auch Bauherren absolut zu schätzen wissen.

Durch die Einführung der neuen ZF-Größe trägt das Unternehmen gleichzeitig zu größerem Wachstum in der Branche bei. Mit dieser Investition wird nicht nur die Kreativität der Architekten unterstützt und die zukünftige Ausbringungsmenge der bestehenden Anlagen maximiert, sondern den Kunden werden sowohl aus ökonomischer als auch gestalterischer Sicht ganz neue Perspektiven und Möglichkeiten angeboten, die eine große Wachstumschance auf dem Sektor sein werden. Außerdem gibt es aber noch zwei Neuigkeiten aus dem Hause Trespa: Auf der Internetplattform Perspectives (http://perspectives.trespa.com) wird Architekten, Designer und Planer mit zahlreichen Projekten zum Ansehen eine neue Inspirationsquelle zur Verfügung gestellt. Man kann dort auch andere Berufskollegen treffen, die bereits das Perspectives Konzept für ihre Entwürfe genutzt haben. Wer aber Trespa im wahrsten Sinne des Wortes „begreifen" will, hat jetzt in New York die Möglichkeit, den neuen Schauraum des Unternehmens, das Trespa Design Center in der Greene Street in Soho, zu besuchen, in einem Stadtteil, wo sich viele Architekturbüros angesiedelt haben.

Trespa International B.V.
Wetering 20 | NL-6002 SM Weert
Tel. +31/495/45 83 58 | Fax. +31/495/45 85 70
infoexport@trespa.com | www.trespa.com

168 Fassade Wand Dach Decke

Die neue Fassadengestaltung mit fibreC und verglaste Einschnitte betonen die Eigenständigkeit des neobarocken Gebäudetrakts von 1921.

Alt trifft Neu

Die Bregenzer Architekten Dietrich | Untertrifaller stellten sich einer ganz besonderen Herausforderung. Bauaufgabe war es, im Zuge der Renovierung der Hypo Bank in Vorarlberg das vormalige Vorarlberger Landtagsgebäude im neoklassizistischen Stil mit einem neu verkleideten Bürokomplex zu vereinen. Mit dem revolutionären Glasfaserbeton fibreC von Rieder gelang es, den alten Baubestand in ein zeitgemäßes Finanzzentrum zu verwandeln und die beiden Architekturen miteinander zu verschmelzen. Die neue Fassade aus elfenbeinfarbenen, glasfaserverstärkten Betonplatten vermittelt den gelungenen Dialog zwischen der historischen Bausubstanz und dem modernen Bau anschaulich. Sie zieht sich mit gleichmäßigem, ruhigem Raster wie eine Haut einheitlich über die Außenwände und verwandelt das Gesamtgebäude mit ihren bündigen Fensterflächen in einen einzigartigen Monolithen, der für die neu geschaffene Einheit mit klaren Strukturen und schlichten Materialien eine neue Identität für den Bankkomplex hervorbringt.

Dietrich | Untertrifaller haben bereits bei der Planung des Festspielhauses Bregenz beste Erfahrungen mit dem innovativen Glasfaserbeton von Rieder gemacht. Die Elemente können sowohl im Außenbereich als auch im Innenraum eingesetzt werden. Die Vielseitigkeit des Materials und seine Leichtigkeit laden zum Experimentieren ein. Langlebigkeit, Authentizität und Individualität sind weitere Stärken von fibreC, bei dem in der kreativen Gestaltung so gut wie keine Grenzen gesetzt sind. Beim Projekt Festspielhaus war die Möglichkeit, fließende Übergänge von außen nach innen zu schaffen, entscheidend. Ein paar Jahre später greifen die Architekten nun gerne wieder auf diesen außergewöhnlich schönen Materialfluss zurück und verleihen der Hypo Landesbank in Bregenz, mit größter Sensibilität und Respekt vor dem Vorhandenen, ein neues Gesicht.

Rieder Smart Elements GmbH
Mühlenweg 22 | A-5751 Maishofen
Tel: +43/65 42/69 08 44 | Fax +43/65 42/69 08 55
office@rieder.cc | www.rieder.cc

Schön warm

Es ist bekannt, dass ein knappes Drittel des gesamten Energiebedarfs für die Erzeugung von Raumwärme in Wohn- und Bürobauten verbraucht wird. Dass man sich damit nicht abfinden muss, beweist das neue VISS-HI Fassadensystem von Jansen, das mit einem neuartigen Dämmkern aus Kunststoffschaum die sehr guten Wärmedämmwerte herkömmlicher VISS-Fassaden noch übertrifft. Man kann damit Passivhaus- bzw. Minergiestandard erreichen, wobei für den Stahlleichtbau rekordverdächtige U_f-Spitzenwerte 0,69 W/m²K (Schraubeneinfluss mit eingerechnet) erreicht werden.

Sensationell ist auch die Multifunktionalität des Systems: Es ist kompatibel mit dem vertikalen VISS TVS und dem VISS TV, mit dem vertikalen VISS Basic TVS sowie mit VISS Basic, da der innovative VISS-JI Dämmkern in Verbindung mit Füllelementen zwischen 28 und 70 Millimetern Stärke eingesetzt werden kann. Zu beachten ist auch, dass die identischen Dämmkerne, deren Einbau denkbar einfach und mit wenigen Handgriffen erledigt ist, sowohl für Fassaden mit 50 als auch mit 60 Millimetern Ansichtbreite verwendet werden können. Damit erzielt man gleichzeitig eine reduzierte Lagerhaltung und Komplexität in der Materialzusammenstellung. Neben dem Neubau bietet die wirtschaftlich äußerst rentable Montage auch interessante Perspektiven in der Renovation. Die HI-Dämmkerne können kostengünstig und mit wenig Zeitaufwand nachgerüstet werden, mit der Sicherheit, das Gebäude damit energietechnisch zu optimieren. Eine Maßnahme, die sich langfristig lohnt, denn die Wirtschaftlichkeit und Nachhaltigkeit von Stahlfassaden wird so deutlich verbessert und den Ansprüchen an zeitgemäße Büro- und Gewerbebauten zielgerichtet angepasst.

U_f-Spitzenwerte dank innovativem Dämmkern

Jansen AG - Stahlröhrenwerk, Kunststoffwerk
CH-9463 Oberriet (SG)
Tel +41/71/763 91 11 | Fax +41/71/761 22 70
info@jansen.com | www.jansen.com

Vertrieb Österreich:
AluKönigStahl GmbH
Goldschlaggasse 87-89 | A-1150 Wien
Tel. +43/1/98 130-0 | Fax +43/1/98 130-64
office@alukoenigstahl.com
www.alukoenigstahl.com

Jansen VISS-HI: Passivhaus-Standard für Stahlfassaden

Bücher / Web Review

Hans Hollein
Interventionen/Interventions
Transformation und Kontinuität/Transformation and Continuity

Das Stadtumbauprojekt von Waidhofen an der Ybbs hat viel Aufmerksamkeit und Anerkennung gefunden. Die historische Kernstadt war von Verödung bedroht und darbte in der Suburbanisierung. Die erfolgreichen neuen Altstadtfunktionen sind wirtschaftlicher Art und bieten auch kulturelle Impulse. Dazu gehört auch das Rothschildschloss am Rande der Altstadt, das seit 2002 der Stadt gehört. So konnte es von Hans Hollein zu einem Kulturzentrum mit Konzertsaal und markanten Turmaufsätzen umgebaut werden. Das Buch bietet einen Essay mit der langen Geschichte des Schlosses, das seit 1218 den Freisinger Bischöfen, dem österreichischen Staat, der Familie Rothschild (1875-1938, Umbau durch den Wiener Ringstrassenarchitekten Friedrich Schmidt) und – nach einem NS-Zwischenspiel – den Bundesforsten gehörte. Für das Buch sprach August Sarnitz mit Hans Hollein – herausgekommen ist eines der seltener werdenden Interviews mit dem Meister. Man erfährt vieles über den Umbau, aber noch mehr über dessen Hintergründe im Oeuvre Holleins. mb

▬

96 Seiten, zahlreiche Farbabbildungen, broschiert, Text deutsch/english, Edition dispositiv, € 24,90

Peter C. Schmal (Hg.)
Der Pavillon The Pavilion
Lust & Polemik in der Architektur Pleasure & Polemics in Architecture

Für Ben van Berkel sind Pavillons zeitinhärente Maschinen zur Produktion von Ideen und Lösungen, die er später in Gebäuden weiterentwickeln kann. Frank Barkow & Regine Leibinger finden den Pavillon in der Schwebe zwischen dem Spekulativen und dem Pragmatischen. Der vorliegende Band umfasst nicht nur eine exzellente Analyse der Pavillonarchitektur einer Architekturklasse der Frankfurter Städelschule mit historischem Abriss – auch zu den Einflüssen aus dem Orient, Indien und Asien – und Exempeln der Gebäudetypologie sondern auch Essays und Interviews zu aktuellen Projekten dieses ephemeren Typus. Die Dokumentation der Forschung und Entwicklung eines Sommerpavillons für den Garten des Deutschen Architekturmuseum in Frankfurt durch Barkow Leibinger, Werner Sobek & Wolfgang Sundermann macht deutlicher, dass zeitgenössische Pavillons weder Selbstzweck noch reines Experiment sind. Kosten- und Zeitrahmen verlangen nach kunstfertiger Technik und Nachhaltigkeit, wie sie nur mehr durch kreative interdisziplinäre Teams erbracht werden kann. rö

▬

192 Seiten, 161 Farb- & s/w-Abbildungen, 56 Pläne & Zeichnungen, broschiert, Text deutsch/english, Hatje Cantz, € 24,80

Reinhard Seiß
Architektur der Erinnerung
Die Denkmäler des Bogdan Bogdanovic

Bogdan Bogdanovic – Architekt, Urbanist, Künstler, Literat, Hochschulprofessor sowie ehemaliger Bürgermeister von Belgrad – schuf zwischen den 1950er und 1980er Jahren 20 großmaßstäbliche Denkmäler gegen Krieg und Vernichtung, verteilt über ganz Jugoslawien. In Abkehr von den klerikal-nationalistischen oder dem sozialistischen Realismus verpflichteten Monumenten im heute zerfallenen Vielvölkerstaat verweigern diese Werke jegliche Abbildung des Schreckens und Entsetzens. Weder klagen sie Schuldige an, noch heroisieren sie Opfer. Die Dokumentation portraitiert sieben dieser Denkmäler – vom Memorial am jüdischen Friedhof der serbischen Hauptstadt Belgrad über die „Stadt der Toten" im bosnisch-herzegowinischen Mostar bis hin zum bekanntesten Monument im ehemaligen Vernichtungslager im kroatischen Jasenovac. Der Film setzt die surrealistische Architektur mit der Literatur Bogdanovics in Beziehung – und reflektiert die Geschichte Jugoslawiens. „Einzigartig ist Bogdanovics zeitlose, archaische Formensprache und sein metaphysischer, ja geradezu spiritueller Zugang zu Inhalten und Symbolen", sagt Reinhard Seiß. rö

▬

DVD, Dauer 125 min, Verlag Anton Pustet, € 29,–

Team N (Hg.)
Sproutbau
Ein Sommer im Beton Wohnen und Kunst im Abrisshaus

Teneveraner heißen die Bewohner der Bremer Großsiedlung Tenever, die zwischen 1967 und 1975 als ein Vorzeige-Demonstrativbauvorhaben des Bundes errichtet wurde. Heute bereits ist für die 5- bis 22-geschoßigen Wohnblöcke, die für rund 8.000 Menschen konzipiert wurden, der Rückbau angesagt. In dieser fragilen Situation initiierte Christina Vogelsang, ohne institutionellen finanziellen Rückhalt, eine temporäre künstlerisch-kulturelle Besiedlung eines Hochhauses. Sommer im Beton hieß die Zeit im Sproutbau. Sprout, von englisch sprießen, stand nicht so sehr für das Anknüpfen an die problemlösenden Modernutopien, die die Entstehungszeit des Großvorhabens geprägt hatten, sondern an die Restutopien, die sich heute aus den Wohnzellen in der Arbeit an deren Überwindung herausschälen lassen. Trauerarbeit ist temporär wie imageverändernde Aufbauarbeit für Stadtteile. Viele Künstler und Kulturschaffende folgten der Einladung und hauchten einem tristen Abrisshaus neue Interpretationen ein. Die reizvolle Dokumentation des Sproutbaus liefert Einsichten in die kollektive Verarbeitung des Verabschiedens. ek

▬

192 Seiten, über 400 Abbildungen, broschiert, Edition Temmen, € 19,90

Rolf Toyka/Ferenc B. Regös/Heike Ossenkopp
Achtung, fertig, Baustelle!
Wie ein Haus geplant und gebaut wird

Architekturvermittlung hat Konjunktur. Nicht nur Exkursionen für Architekturtouristen boomen, auch für Kinder und Jugendliche werden immer mehr Formate der Architekturerfahrung angeboten. Die Akademie der Architekten & Stadtplanerkammer Hessen und die Architektenkammer Nordrhein-Westfalen haben didaktisch gemeinsame Sache für vorliegendes Kinderbuch gemacht. Baustellen sind Faszination pur. Die bekannten Verbotstafeln tun der Sache keinen Abbruch, im Gegenteil. Und, wie viele Architekturschaffende sagen, war es oft das beeindruckende Erlebnis einer Baustelle, das die Karrierewahl entschied. Diesem Faszinationspotenzial wird das Buch nur zum Teil gerecht. Die etwas betulich anmutenden Illustrationen unterschätzen die ästhetischen Bedürfnisse von Kindern. Auch die Geschlechterverteilung, Mann in Jeans und Sakko, begleitet vom kleinen Jungen mit gelbem Baustellenhelm, lässt nicht auf Innovation schließen. In der entsprechenden Alterszielgruppe getestet, gibt es einen positiven Befund: die seitlichen Klappen mit Details und Erklärungen kommen durchwegs gut an. ek

32 Seiten, farbig illustriert, Hardcover, Gerstenberg, € 16,90

Stephan Trüby
Exit-Architektur
Design zwischen Krieg und Frieden

„Der Krieg ist der Vater aller Dinge", befand Heraklit. Stress ist Initialzündung der Kultur und Motor des episodischen Gedächtnisses. Stephan Trüby wendet diese Erkenntnis auf die Architektur an, unterzieht sie der Transmissionstheorie und macht epochale Verschiebungen sichtbar. Im römischen Reich galt der Triumphbogen mit seinem decorum als Maß aller Dinge. Sein Design-Code war das ornamentum. Er wurde später vom Building-Code der Fluchtweg-Kodifikationen abgelöst. Die Verstaatlichung der Kriege brachte eine Hochblüte des Korridors. Bis heute infiltriert der Korridor als obligater Fluchtweg alles Gebaute. „Tempi passati: Was der Triumphbogen für die Vormoderne war, ist die Paniksäule für die Gegenwart und der einzig notwendige Schmuck, über den die Architektur zur Zeit verfügt, ist das Exit-Schild," so Trüby. Zum Zeitpunkt des Paradigmenwandels von der Ver- zur Entstaatlichung des Krieges wurde unter extremen Stressbedingungen das Pentagon in Washington D.C. gebaut. Es ist neben dem Janustempel am Forum Romanum und der Jamaratbrücke in Mina bei Mekka eines der drei Bauten, die Trüby genauer analysiert. im

128 Seiten, 23 Abb., broschiert, SpringerWienNewYork, € 19,95

Web Review
Kunst Wien

Der Kulturgüterkataster der Stadt Wien, eine GIS-basierte Webanwendung, beschränkte sich bis vor kurzem auf Informationen zu Architektur und Stadtgeschichte sowie zur Stadtarchäologie.
Nun gibt es zwei wesentliche Erweiterungen dieses überaus nützlichen Web-Angebots:
Bei der ersten handelt es sich um eine Ergänzung der Architekturinformationen.
Der Kulturgüterkataster umfasst nun seit einigen Wochen auch „Hofbeschreibungen" zu allen Wiener Gemeindebauten. Zwischen Anfang der 1920er und Mitte der 1990er Jahre – mit einer Zwangspause von 1934 bis 1945 – entstanden in Wien etwa 220.000 Gemeindewohnungen.
Seit etwa 15 Jahren werden keine neuen Gemeindebauten mehr errichtet, sondern nur mehr geförderte Wohnungen von gemeinnützigen und gewerblichen Bauträgern.
Über das Stadtkarten-Interface kann nun jeder Wiener Gemeindebau ausgewählt werden, zu jedem gibt es eine Hofbeschreibung als PDF-Dokument. Diese Beschreibung umfasst eine Kurzdarstellung der jeweiligen Gemeindebauperiode, der Geschichte des Stadtbezirks, der Architektur und der „Kunst am Bau" des Hofs sowie Informationen zum Hofnamen, zum Architekten bzw. zur Architektin und zu einer eventuellen Sanierung.
Weiters werden die genaue Adresse, die Wohnungsanzahl und die Errichtungsjahre angegeben.
Wesentlich ist auch, dass es sich nicht nur um Daten über die bekannten, großen Höfe des Roten Wien handelt.
Auch die kleinen Höfe und jeder Hof aus der Zweiten Republik sind vollständig dargestellt.

Informationen speziell zu den Gemeindebauten der Zwischenkriegszeit findet man auch unter roteswien.at, dort sind die Angebote sogar noch wesentlich umfangreicher mit Bildern, Eröffnungsbroschüren zum Download und Literaturhinweisen.
Die zweite, diesmal nicht ortsbezogene Informationsneuerung des Kulturgüterkatasters ist ein vollständiges Verzeichnis der Kunstsammlung der Stadt Wien.
Diese „Museum auf Abruf" genannte Sammlung mit eindrucksvollen Ausstellungsräumen, die erst kürzlich eröffnet wurden, umfasst etwa 20.000 Kunstobjekte von 3.500 Künstlern, die seit 1951 von der Stadt angekauft worden waren.
Eine Jury wählt jährlich etwa 100 KünstlerInnen aus, deren Werke erworben werden.
Online ist nun die Datenbank dieser Sammlung zugänglich, die nun die Suche über eine Künstler-Liste, nach Technik, Titel und Entstehungsjahr erlaubt.
Zu jedem Objekt gibt es Basisdaten, häufig auch eine Abbildung des jeweiligen Werkes und teils Informationen zur Entstehung und zur Künstlerin bzw. zum Künstler.
Leider noch etwas langsam, aber dafür überaus interessant.

Robert Temel

www.wien.gv.at/kultur/kulturgut
roteswien.at

Shortlist

Berliner Sehnsuchtsbild
New icon

Nachdem der Zentralflughafen Tempelhof zum 31. Oktober 2008 geschlossen wurde, hat Berlin eine riesige innerstädtische Brachfläche mehr. Eilt es mit der Entwicklung des sogenannten Columbiaquartiers? Architekt Jakob Tigges findet, dass es zur Nachnutzung genug „alberne Vorschläge" gegeben hat und überbietet sie mit dem Luftprojekt eines zweigipfeligen Berges, der mit exakt 1.071 Metern Höhe alpine Vergnügungen ins Urstromtal verpflanzen soll. Vom virtuellen „Bomber-" und ebenso virtuellen „Rosinengipfel" werden bereits echte Ansichtspostkarten verschickt.

Following the closure of the centrally located Tempelhof Airport on 31 October 2008 Berlin now has yet another enormous disused inner-city site. Is there any hurry to develop what is called the Columbiaquartier? Architect Jakob Tigges finds that there have been enough 'absurd proposals' for future use and surpasses them with a fantasy project for a mountain with two peaks and an exact height of 1071 metres that is intended to transplant alpine pleasures to the Berlin Urstromtal. Real postcards of the virtual 'Bomber' and 'Rosinengipfel' peaks have already being sent.

http://cud.architektur.tu-berlin.de/wordpress/?page_id=37
www.the-berg.de

Sommerpavillion
Summer pavilion

Sanaa haben in den Garten der Londoner Serpentine Gallery ein fugenlos scheinendes, in der Aufsicht an Flower-Power-Formen erinnerndes Gebilde aus aluminiumkaschiertem Schichtholz auf spärliche Stützen gestellt. Transparente, halbhohe Wände schützen vor Seitenwind. Mit der Durchsichtigkeit wird ein feines Spiel getrieben, das in den Spiegelungen ober uns gipfelt. Sie geben uns wolkig verzerrt wieder und nehmen durch die Wölbung des Aluminiums auch Flächen außerhalb des bedachten Bereichs in ihr und unser Reflexionsfeld hinein.

In the garden of the Serpentine Galley in London Sanaa have placed an apparently jointless sructure of aluminium covered plywood, which, when seen from above, is reminiscent of flower-power forms. Transparent half-height walls offer protection against side winds. An exquisite game played with transparency reaches a peak in the reflections above us. They show us blurred, distorted images of ourselves, and, thanks to the curve of the aluminium, also include in their and our field of reflection areas beyond the roof.

▶ 18. Oktober 2009
www.serpentinegallery.org/architecture

Red Vienna, Grey Society

Unter dem Titel „Ich wohne, bis ich hundert bin" zeigt das Az W Neue Wohnmodelle für eine alternde Gesellschaft. Der Hauptteil der Ausstellung kommt aus Zürich: für das ETH Wohnforum wurde eine Modellwohnung im Maßstab 1:1 errichtet, die der Besucher mittels Drehelementen variabel ausstatten kann. Mit Unterstützung der Stadt Wien wurde die Schau um die Darstellung zehn ausgewählter Wiener Beispiele für altersgerechte Wohnformen erweitert. Ein „interaktives Pickerlheft" lässt jeden Mitspieler das optimal zu den persönlichen Wünschen und Möglichkeiten passende Projekt finden.

Under the title 'Ich wohne, bis ich hundert bin' ('I'll reside until I'm 100') the Az W is showing new housing models for an ageing society. The main section of the exhibition comes from Zurich: for the ETH Housing Forum a model apartment was built at a scale of 1:1, pivoting elements allow visitors to fit this apartment out whatever way they wish. With the support of the City of Vienna the show was expanded to include the presentation of ten selected Viennese examples of forms of housing suited to the needs of the elderly. An 'interactive sticker folder' enables each player to find the project that best meets his or her personal wishes and possibilities.

▶ 5.10.2009 Architekturzentrum Wien
www.azw.at

Belvedere Wien: Verbindungsgang
Connecting passageway

Die Umbauarbeiten am Museum Belvedere in Wien sind nun abgeschlossen. Seit dem Sommer führt ein wettergeschützter Gang entlang der historischen Gartenmauer vom Unteren Belvedere zur Orangerie und gliedert sie in den Ausstellungsrundgang ein. Der Verbindungsgang ist als barrierefreie Kalksteinrampe ausgebildet und wird von einer verglasten Pergola geschützt. Heimo Zobernig hat durch Überlagerung der Glasflächen mit einem Linienmuster eine netzartige Schicht entstehen lassen, die auch Vögel vom Aufprall abhält.

Connecting passageway
The building works at the Belvedere Museum in Vienna have been completed. Since the summer a passageway, protected from the weather, leads along the historic garden wall from the Lower Belvedere to the Orangery thus integrating the latter in the tour of the exhibition spaces. The connecting corridor is a barrier-free limestone ramp that is protected by a glazed pergola. By overlaying the glazing with a pattern of lines artist Heimo Zobernig created a net-like layer that also prevents birds from flying into the glass.

www.kuehnmalvezzi.com
www.belvedere.at

Photo Christian Richters

Photo Pez Hejduk

Photo Ulrich Schwarz

© SpringerWienNewYork

architektur.aktuell
the art of building

Abo 2009

Aktuelle Bauten, Essays, State-of-the-Art Photography, Ausstellungen & Kongresse, Bücher, Internet, Neue Medien, Produktinformationen
Contemporary Buildings, Essays, State-of-the-Art Photography, Exhibitions & Congresses, Books, Internet, New Media, Product Information

zweisprachig published in German | English

Jetzt bestellen!

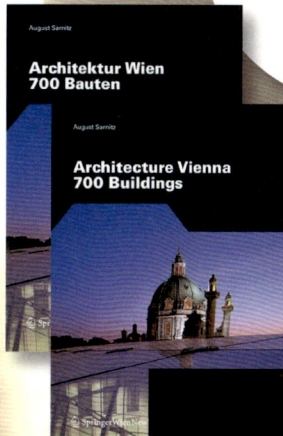

Abonnieren Sie jetzt
Gratis für Sie: ein attraktives Buchgeschenk

Subscribe Now and select from 4 attractive premiums

10 Hefte pro Jahr, davon 2 Doppelnummern
10 issues a year inc. 2 double issues

Kalender / Calendar

Ausstellungen
Exhibitions

▸ Wien
seit/since 2005
a_schau. Österreichische Architektur im 20./21. Jahrhundert
Architekturzentrum Wien
A-1070 Wien, Museumsquartier/Museumsplatz 1
www.azw.at

▸ Paris
29. 4. – 22. 11. 2009
Le Grand Pari(s) de l'agglomération parisienne
Cité de l'architecture & du patrimoine
F-Paris 16, Palais de Chaillot, 1 Place du Trocadero
www.citechaillot.fr

▸ Paris
13. 5. – 1. 11. 2009
Habiter écologique. Quelles architectures pour une ville durable?
Cité de l'architecture & du patrimoine
F-Paris 16, Palais de Chaillot, 1 Place du Trocadero
www.citechaillot.fr

▸ Weil am Rhein
16. 5. 2009 – 28. 2. 2010
ANTIKÖRPER ANTIBODIES
Fernando & Humberto Campana 1989-2009
Vitra Design Museum
D-79576 Weil am Rhein, Charles Eames-Straße 1
www.design-museum.de

▸ Wien
27. 5. – 1. 11. 2009
Möbel als Trophäe
MAK
A-1010 Wien, Stubenring 5
www.mak.at

▸ Innsbruck
4. 6. – 19. 9. 2009
konstantmodern. 5 Positionen zur Architektur: Atelier 5, Gerhard Garstenauer, Johann Georg Gsteu, Rudolf Wäger, Werner Wirsing
aut. architektur und tirol
A-6020 Innsbruck, Lois Welzenbacher-Platz 1
www.aut.cc

▸ Lessac
5. 6. – 4. 10. 2009
Learning from vernacular – apprendre des cultures vernaculaires
Domaine de Boisbuchet
F-16500 Lessac, Domaine de Boisbuchet
www.boisbuchet.org

▸ Wien
10. 6. – 18. 10. 2009
Trouble in Paradise
Steinbrener/Dempf
A-1130 Wien, Tiergarten Schönbrunn
www.steinbrener-dempf.com/

▸ Stuttgart
18. 6. – 13. 9. 2009
Ulm vs. Frankfurt
Architekturgalerie Weißenhof
D-70191 Stuttgart, Am Weißenhof 30
www.weissenhofgalerie.de

▸ Wien
19. 6. – 20. 9. 2009
Die Moderne als Ruine – Eine Archäologie der Gegenwart
Generali Foundation
A-1040 Wien, Wiedner Hauptstraße 15
http://foundation.generali.at

▸ London
19. 6. – 18. 10. 2009
Radical Nature: Art and Architecture for a Changing Planet
Barbican Art Gallery
UK-London EC2Y 8DS, Silk Street, Barbican Centre
www.barbican.org.uk

▸ München
25. 6. – 27. 9. 2009
BAUEN IM BESTAND – JABORNEGG & PÁLFFY
Architekturmuseum TU München, Pinakothek der Moderne
D-80333 München, Barer Straße 40
www.architekturmuseum.de

▸ Frankfurt/Main
26. 6. – 13. 9. 2009
Die ‚weiße Stadt' – Tel Avivs Moderne
DAM Deutsches Architektur Museum
D-60596 Frankfurt am Main, Schaumainkai 43
www.dam-online.de

▸ Weimar
26. 6. – 13. 9. 2009
1919 1922 1923 Architektur.
Bauhaus-Universität Weimar
D-99423 Weimar, Geschwister Scholl-Straße 8, Oberlichtsaal
www.uni-weimar.de

▸ Basel
28. 6. – 13. 9. 2009
Rhône-Alpes & Romandie
Hier und die Welt – Architekturbüros aus der Region
SAM Schweizerisches Architekturmuseum
CH-4001 Basel, Steinenberg 7
www.sam-basel.org

▸ Wien
2. 7. – 16. 10. 2009
Skizzen für die Zukunft – Werner Sobek
Architektur im Ringturm
A-1010 Wien, Schottenring 30
www.vig.com/architektur

▸ Berlin
9. 7. – 5. 10. 2009
Le Corbusier – Kunst und Architektur
Martin-Gropius-Bau
D-10963 Berlin, Niederkirchnerstraße 7
www.modell-bauhaus.de

▸ Hamburg
10. 7. – 25. 10. 2009
Lingang New City – Stadtgründung zwischen Surrealismus und Wirklichkeit
gmp Architekturwerkstatt
D-22765 Hamburg, Völckerstraße 14-20
www.gmp-architekten.de

▸ Frankfurt/Main
11. 7. – 20. 9. 2009
Der Pavillon – Lust und Polemik in der Architektur
DAM Deutsches Architektur Museum
D-60596 Frankfurt am Main, Schaumainkai 43
www.dam-online.de

▸ Berlin
22. 7. – 4. 10. 2009
Modell Bauhaus 1919-2009
Martin-Gropius-Bau
D-10963 Berlin, Niederkirchnerstraße 7
www.gropiusbau.de

▸ Salzburg
23. 7. – 4. 10. 2009
Margherita Spiluttini.
Museum der Moderne Rupertinum
A-5020 Salzburg, Wiener Philharmoniker Gasse 9
www.museumdermoderne.at

▸ München
29. 7. – 1. 11. 2009
New York – Berlin. Photographien. Gerrit Engel
Die Neue Sammlung, Pinakothek der Moderne
D-80333 München, Barer Straße 40
www.die-neue-sammlung.de

▸ Wien
13. 8. – 5. 10. 2009
Ich wohne, bis ich 100 bin. Red Vienna, Grey Society
Architekturzentrum Wien
A-1070 Wien, Museumsquartier/Museumsplatz 1
www.azw.at

▸ Berlin
14. 8. – 24. 9. 2009
European Embankment – 2 Wettbewerbe im historischen Kontext von St. Petersburg
Aedes am Pfefferberg
D-10119 Berlin, Christinenstraße 18/19
www.aedes-arc.de

▸ Frankfurt/Main
29. 8. – 1. 11. 2009
M8 in China – Zeitgenössische chinesische Architekten
DAM Deutsches Architektur Museum
D-60596 Frankfurt am Main, Schaumainkai 43
www.dam-online.de

▸ Paris
1. 9. – 26. 9. 2009
Dazibao d'architectures – Atelier Seraji Architectes & Associés
la galerie d'architecture
F-75004 Paris, 11 rue des blancs manteaux
www.galerie-architecture.fr

▸ Berlin
4. 9. – 17. 10. 2009
Europäischer Architekturfotografie-Preis 2009 Neue Heimat
Architektur Galerie Berlin
D-10243 Berlin, Karl-Marx-Allee 96
www.werkraum-agb.de

▸ Köln
4. 9. – 6. 11. 2009
Hélène Binet – Photographs of the work of Peter Zumthor
gabrielle ammann//gallery
D-50678 Köln, Teutoburger Straße 27
www.ammann-gallery.com

▸ Wien
5. 9. – 21. 9. 2009
Moscheen in Deutschland
Architekturzentrum Wien
A-1070 Wien, Museumsquartier/Museumsplatz 1
www.azw.at

▸ Berlin
11. 9. – 15. 11. 2009
In der Zukunft leben – Die Prägung der Stadt durch den Nachkriegsstädtebau
Deutsches Architektur Zentrum DAZ
D-10179 Berlin, Köpenicker Straße 48/49
www.daz.de

▸ Mantua
12. 9. – 8. 11. 2009
Angelo Mangiarotti: Mostra Antologica
Provincia di Mantova & Agape
I-Mantua, Casa del Mantegna, via Acerbi 41
www.neumann-luz.de

▸ Dornbirn
17. 9. – 21. 11. 2009
Baumschlager Eberle – Architektur, Menschen und Ressourcen
vai vorarlberger architektur institut
A-6850 Dornbirn
www.v-a-i.at

▸ Hamburg
18. 9. – 25. 10. 2009
Lingang New City – In Process
Freie Akademie der Künste
D-20095 Hamburg, Klosterwall 23
www.fadk.de

▸ Zürich
22. 9. – 20. 11. 2009
Die Stadt – Ihre Erfindung in Büchern und Graphiken
ETH
CH-8093 Zürich, ETH Zürich, Hönggerberg
www.gta.arch.ethz.ch

▸ Zürich
24. 9. – 29. 10. 2009
ITA Institut für Technologie in der Architektur – Einblicke
ETH
CH-8093 Zürich, ETH Zürich, Hönggerberg
www.gta.arch.ethz.ch

▸ Zürich
25. 9. – 30. 10. 2009
Jahresausstellung 2009 Departement Architektur ETH Zürich
ETH
CH-8093 Zürich, ETH Zürich, Hönggerberg
www.gta.arch.ethz.ch

▸ Salzburg
30. 9. – 30. 10. 2009
Dietrich | Untertrifaller
Raum für Architektur im Künstlerhaus
A-5020 Salzburg, Hellbrunner Straße 3
www.initiativearchitektur.at

▸ Zürich
1. 10. – 29. 10. 2009
Prix Acier 2009 Schweizer Stahlbaupreis
ETH
CH-8093 Zürich, ETH Zürich, Hönggerberg
www.gta.arch.ethz.ch

Veranstaltungen / Vorträge
Events / Lectures

Messen
Fairs

▶ Frankfurt/Main
3. 10. 2009 – 31. 1. 2010
Fernsehtürme TV Towers
DAM Deutsches Architektur Museum
D-60596 Frankfurt am Main, Schaumainkai 43
www.dam-online.de

▶ Wien
5. 10. – 31. 10. 2009
archdiploma 2009
KUNSTHALLE wien project space
A-Wien, Karlsplatz
www.kunsthallewien.at

▶ Frankfurt/Main
10. 10. 2009 – 14. 3. 2010
Martin Elsaesser und das neue Frankfurt
DAM Deutsches Architektur Museum
D-60596 Frankfurt am Main, Schaumainkai 43
www.dam-online.de

▶ Wien
14. 10. 2009 – 14. 2. 2010
Wohnen zwischen den Kriegen. Wiener Möbel 1914-1941
Hofmobiliendepot
A-1070 Wien, Andreasgasse 7
www.hofmobiliendepot.at

▶ Wien
22. 10. 2009 – 18. 1. 2010
Ich wohne, bis ich 100 bin. Red Vienna, Grey Society
Architekturzentrum Wien
A-1070 Wien, Museumsquartier/Museumsplatz 1
www.azw.at

▶ München
22. 10. 2009 – 24. 1. 2010
Die Kunst der Holzkonstruktion – Chinesische Architekturmodelle
Architekturmuseum TU München, Pinakothek der Moderne
D-80333 München, Barer Straße 40
www.architekturmuseum.de

▶ Wolfsburg
24. 10. 2009 – 5. 4. 2010
James Turrell. The Wolfsburg Project
Kunstmuseum Wolfsburg
D-38440 Wolfsburg, Hollerplatz 1
www.kunstmuseum-wolfsburg.de

▶ Hamburg
17. 9. 2009
Transformation einer Metapher: Maritim Museum in Lingang New City – Vortrag Werner Sobek & Meinhard von Gerkan
Freie Akademie der Künste
D-20095 Hamburg, Klosterwall 23
www.fadk.de

▶ Wien
18. 9. – 22. 9. 2009
sonntags 221: bauhaus
Architekturzentrum Wien
A-1070 Wien, Museumsquartier/Museumsplatz 1
www.azw.at

▶ Wien
1. 10. – 11. 10. 2009
VIENNA DESIGN WEEK
A-Wien
www.viennadesignweek.at

▶ Wien
2. 10. – 4. 10. 2009
sonntags 222: designsafari budapest
Architekturzentrum Wien
A-1070 Wien, Museumsquartier/Museumsplatz 1
www.azw.at

▶ Wien
5. 10. – 31. 10. 2009
archdiploma 2009
KUNSTHALLE wien project space
A-Wien, Karlsplatz
www.kunsthallewien.at

▶ Mayrhofen im Zillertal
6. 10. – 7. 10. 2009
Lichttechnische Fachtagung 2009
LTG Lichttechnische Gesellschaft Österreichs
A-6290 Mayrhofen im Zillertal
www.ltg.at

▶ Weiz
7. 10. – 9. 10. 2009
ökosan09 Internationales Symposium für hochwertige energetische Sanierung von großvolumigen Gebäuden
AEE INTEC
A-8160 Weiz, Kunsthaus
www.aee-intec.at

▶ Berlin
10. 10. 2009
What makes India Urban?
Aedes am Pfefferberg
D-10119 Berlin, Christinenstraße 18/19
www.aedes-arc.de

▶ Wien
11. 10. 2009
sonntags 223: designsafari ▶▶
▶ wien
Architekturzentrum Wien
A-1070 Wien, Museumsquartier/Museumsplatz 1
www.azw.at

▶ Wien
17. 10. 2009
sonntags 224: green art
Architekturzentrum Wien
A-1070 Wien, Museumsquartier/Museumsplatz 1
www.azw.at

▶ Wien
18. 10. 2009
sonntags 225: wohnen innovativ – wien mitte bis rand
Architekturzentrum Wien
A-1070 Wien, Museumsquartier/Museumsplatz 1
www.azw.at

▶ Barcelona
4. 11. – 6. 11. 2009
World Architecture Festival
WAF
E-Barcelona
www.worldarchitecturefestival.com

▶ Wien
8. 11. 2009
sonntags 226: so schauts haus 13
Architekturzentrum Wien
A-1070 Wien, Museumsquartier/Museumsplatz 1
www.azw.at

▶ Frankfurt am Main
12. 11. 2009
GebäudeEffizienz 2009 - Kongressmesse
messe frankfurt
D-Frankfurt/Main, Congress Center Messe Frankfurt
www.gebaeudeeffizienz2009.de

▶ Köln
12. 11. – 13. 11. 2009
1. Symposium BÜRO. RAUM. AKUSTIK.
Koelnmesse, Akustikbüro Oldenburg, Hörzentrum Oldenburg
D-Köln, Messe
www.buero-raum-akustik.de

▶ Hannover
13. 11. – 14. 11. 2009
2. Effizienztagung Bauen+Modernisieren
proKlima – energie + umwelt zentrum
D-Hannover, HCC, Hannover Congress Centrum
www.effizienztagung.de

▶ Wien
23. 11. - 25. 11.2009
Internationale Konferenz Energie-Effizienz im Wohnbau Energy-Efficient Housing
United Nations – Stadt Wien – CECODHAS
A-1010 Wien, Rathaus
www.energy-housing.net

▶ Verona
17. 9. – 21. 9. 2009
abitare il tempo
VeronaFiere
I-Verona, VeronaFiere
www.abitareiltempo.com

▶ Augsburg
24. 9. – 27. 9. 2009
RENEXPO® & IHE® 2009
REECO
A-Augsburg, Messe
www.renexpo.de

▶ Bologna
29. 9. – 3. 10. 2009
CERSAIE
BolognaFiere
I-Bologna, Fiere
www.cersaie.it

▶ Verona
30. 9. – 3. 10. 2009
MARMOMACC
VeronaFiere
I-Verona, VeronaFiere
www.marmomacc.com

▶ Wien
16. 10. – 18. 10. 2009
BLICKFANG Wien
MAK
A-Wien, MAK
www.blickfang.com

▶ Verona
21. 10. – 24. 10. 2009
ZOW & MaterialZ
Survey Marketing + Consulting
I-Verona, Messezentrum
www.zow.it

▶ Köln
28. 10. – 30. 10. 2009
FSB Cologne & aquanale
koelnmesse
D-Köln, Messe
www.fsb-cologne.de

▶ Paris
2. 11. – 7. 11. 2009
BATIMAT
Paris Expo
F-Paris, Porte de Versailles Paris
www.batimat.com

▶ Salzburg
26. 11. – 28. 11. 2009
RENEXPO® Austria 2009
REECO
A-Salzburg, Messe
www.renexpo-austria.at

▶ Essen
12. 1. – 16. 1. 2010
DEUBAU
Messe Essen
D-Essen, Messe
www.deubau.de

Oktober October 2009

NIO architecten: Brücke Bridge in Vrouwenakker, NL

Movement

Als die britische Architektengruppe Archigram in den seligen 1960er Jahren ihre „Walking Cities" entwarf, glaubten noch viele an den baldigen Sieg der Raumfahrtstechnik über die Beharrungskräfte des behäbigen Baubetriebs. Leider haben jedoch unsere Städte und Häuser bis heute noch nicht gehen gelernt – Grund genug, Architektur zur Diskussion zu stellen, die Bewegung wenigstens ermöglicht. Und Architektur, die sich sogar teilweise selbst bewegt – sei es, um ein Dach zu öffnen oder eine Brücke für die Schiffspassage hochzuziehen. Beispiele dafür liefern Dominique Perrault und die niederländische Architektengruppe NIO, gelungene Infrastrukturbauten gibt es aus Oberösterreich und Böhmen zu sehen.

When the British architects group Archigram designed their "Walking Cities" in the heady days of the 1960s, many people still believed in the imminent victory of aerospace technology over the resistance to change presented by the sedate building industry. Unfortunately, up to the present day our cities and buildings have not yet learnt how to walk – reason enough to present as a topic for discussion architecture that at least allows movement. And architecture that even moves itself, at least partly, whether it be to open a roof or to raise a bridge to allow ships to pass through. Examples of this kind of movement are provided by Dominique Perrault and the Netherlands architects group NIO, while successful infrastructure buildings from Upper Austria and Bohemia are also shown.